ビジネスNo.1理論

Super Brain Training

「勝ちグセ脳」を
つくる3つの力

西田文郎 監修　西田一見 著

現代書林

監修のことば

西田文郎

本書『ビジネス№1理論』は、私が1997年（平成9年）に出版し、大きな反響を呼んだ『№1理論』という本の姉妹編です。姉妹編というよりも、その進化発展形です。

と書いてみて、驚きを禁じ得ません。本の出版から、はや15年以上になるとは。とても信じられません。というのも本の寿命は、せいぜい1〜2年と言われる中で、『№1理論』は息長く売れ続けているし、ありがたいことに、若い経営者のブログなどで今もしばしば話題になるからです。

私がその本に紹介したのは**「イヤでも成功してしまう脳の使い方」**でした。

私たちはみんな、脳というスーパーコンピュータを持っています。けれどそのコンピュータのパフォーマンス＝発揮能力は、みんな同じというわけではない。生まれつきのデキの良し悪しよりも、使い方によって、発揮能力が大きく違ってくるのです。

使い方のちょっとしたコツさえ知っていれば、イヤでも成功してしまう——と、20年近く前のその本に私は書きました。

そこで述べた「使い方のコツ」を脳科学に基づいて体系化し、進化発展させたのが「ＳＢＴ（スーパーブレイントレーニング）理論」なのです。

本書はそのＳＢＴ理論をベースにして、あらゆるビジネスパーソン向けに構成し直し、「勝ちグセ脳をつくる方法」として、西田一見がわかりやすく書き起こしたものです。

言うまでもありませんが、**成功者とは勝ちグセのついた人のこと**です。たとえ負けたり、失敗したりすることがあっても、それをすみやかに勝ちに変える確実な方法を知っている。そうでなければ、真の成功者にはなれません。

＊

20年近く前の『№１理論』が大きな反響を呼んだ、と言いました。その理由は何でしょうか。答えははっきりしています。従来の成功法にはなかった——もっと正確に言えば、**優れた成功法には間違いなくあったけれど、ほとんどの人はそれに気づかなかった「あること」を、はっきり指摘した**からです。

たとえば、本書には「勝ちグセ脳」をつくるものが3つあって、それは次のような3つの力であると書かれています。

①成信力《せいしんりょく》……成功を信じる力
②苦楽力《くらくりょく》……苦労・努力を楽しむ力
③他喜力《たきりょく》……まわりの人を喜ばせる力

はじめて聞いた人は、違和感を覚えるかもしれません。とくに「他喜力」という言葉に反発を感じる人もいることでしょう。若い頃の私、まだ経済の本当の仕組みを知らず、表面的な戦術・戦略で天下を取る気になっていた頃の私なら、大いに反発したはずです。

――人を喜ばすだって！　人に幸せになってもらおう？　人様のお役に立ちたい？

……そんなものは、ビジネスという非情な世界とは何の関係もない。勝つか負けるかの厳しい競争社会なのだ。甘い考え方は、邪魔になるだけだ。

実際、そう考える人がとても多いのです。

少なくとも20年ほど前は、そんな人ばかりでした。

ですから松下幸之助氏や本田宗一郎氏をはじめ、**真の成功者の成功の根っこのところには必ず存在する「他喜力」という心の力に、ほとんどの人は気づかなかった**のです。気づいたとしても、それが成功のコツだとは、ゆめにも思いませんでした。

「他喜力」の意味については、本文に詳しく書かれているので触れません。ただ、戦略とか戦術などの詰める能力も、じつは「他喜力」という根っこがあってはじめて十二分に力を発揮できるということを少しお話しておきたいのです。

＊

別の言い方をしましょう。

世間では、「あの人は徳がある」という言い方をよくします。『広辞苑』によれば、徳とは、立派な行為であり、善い行いをする性格です。また、身についた品性。さらに、まわりの人を感化する人格の力です。

「他喜力」も徳であり、徳の本質は「他喜力」だと言っても過言ではありません。

昔からどんな社会においても徳が尊ばれ、徳が勧められてきました。いったいなぜなのか。意外なことに、その理由を明らかにしたのも脳科学でした。「他喜力」が、人間の脳を自然と肯定的にし、プラス回路にし、前向きに活性化させるのです。なおかつそれがあるとストレスが減少し、苦しさに対する耐性も強まります。

人と人のつながりそのものであるビジネスのカギも「他喜力」にあるのです。「他喜力があるほど成功しやすくなる。だから徳のもう一つの意味として、辞書にはたいてい「利益。もうけ。富」があげられています。

私は長らくスポーツメンタルを研究してきましたが、アスリートが成功するには「心技体」の充実が欠かせません。一方、ビジネスの場合は「知徳胆」の3つが必要です。

「知」とは戦術・戦略の知識です。

その戦術・戦略を、勇気をもって着実に、また不安にも希望にも妨害されることなく冷静に実行し、成功するまで努力し続けさせるもの。それが「胆」、すなわち胆力です。

これらの「知」や「胆」を支えるものこそ、皆さんには意外かもしれませんが、じつは他喜力であり、「徳」なのです。たとえば、「もうダメだ」と思うとき、「もうあきらめよう」と考えるとき、誰かの笑顔に支えられたり、誰かの喜ぶ顔を思い浮かべて頑張れたりした経験が、皆さんにもきっとあると思います。

「私たちは自分のためより、人のために頑張れる」

これも20年近く前、多くの人に届くことを願って書いた言葉の一つでした。

＊

思えば『№.1理論』を発表した頃は、バブル崩壊後の不況がどん底にあった時代です。あれから20年弱。ようやく日本経済は立ち直りかけているようです。

しかし、油断は禁物です。今日の景気の「上向き」も、一皮剥けば、暗く恐ろしい日本の現実がたちまち目に飛び込んできます。

ストップのかからない少子化、高齢化。安い労働力を求めて海外に生産拠点を移したことによる産業の空洞化。１０００兆円を超える国の借金は、返済の目安すら立たない。むしろ増加の一途をたどっています。さらに国際収支まで悪化し、膨大な赤字を計上するようになりました。日本の経済を支えてきた「ものづくり大国」「貿易立国」が今、構造的なメルトダウンの渦中にあるのです。

日本が吹き飛ぶような未曾有の危機が始まった――私はそう危惧します。

そんな時代に私たちはどう生きるべきか。本書では、その答えを「勝ちグセ脳を持て」と教えています。どういう時代にも、状況を切り開けるのが「勝ちグセ脳」です。皆さんも、この本に書かれていることを実行し、「勝ちグセ脳」になり、いかなる状況でもワクワクしながら挑戦できる、そんな真の成功者になってください。

まえがき

脳が変われば、人は変わる。
脳が変わらなければ、人は変わらない。

私が本書でみなさんにお伝えしたいのは、このひと言に尽きます。人が変わるポイントはただ一つ、「脳を変える」ことなのです。

「脳を変える」などと聞くと非常に難しく聞こえますが、脳の構造を理解し、正しい方法で実践すれば決して難しいものではありません。詳しくは本文で解説しますが、脳を快にすればよいだけなのです。

しかも、ビジネスパーソンにとっての朗報は、スポーツの世界よりも、受験の世界よりも、ビジネスの世界のほうが結果を出すのが簡単なことです。

私たちは、北京オリンピックで世界一になった女子ソフトボール日本代表、田中将大投手が所属し、北海道初の日本一に輝いた駒大苫小牧高校など、スポーツの世界で数々の「№1」を生み出してきました。スポーツの世界で頂点に輝けるのは、たった1人あるいは1チームです。

ところが、ビジネスの世界にはさまざまな「№1」があります。私たちの「スーパーブレイントレーニング（SBT）」の受講者の中には、年商何十億、何百億という経営者がたくさんいますが、その方たちにも「スポーツで№1になるよりも、ビジネスで結果を出すほうがはるかに簡単です」という話をしています。ビジネスの世界で「脳を変える」と、いとも簡単に大きな結果を出せるわけです。

今後、ビジネスパーソンは「プロ化時代」、これまで以上に結果を求められる時代に入ります。まず、自分が結果を期待されるプレーヤーとなり、やがて期待に応えられる人間を育てられるマネージャーにならないと、厳しいビジネスの世界で長く勝ち抜けません。

ところが人は仕事をすればするほど、失敗に臆病になり、自分の枠を小さくしていきます。脳に「無理だ」「できない」がインプットされ、蓄積されていくのです。

そんなあなたの「無理だ」「できない」に満たされていく脳を、どんな環境・状況下でも常に最高の結果を出せる最強の「勝ちグセ脳」に変え、ビジネスのプロにすること。さらに、あなただけでなく、あなたの周りの人材を最強の「勝ちグセ脳」に変え、真の結束力を持った組織にすること――それが本書の狙いです。

脳が最高に喜ぶ状態を追求することは、ビジネスの世界における真の成功、人間としての真の成功を追求することにほかなりません。本書を読み、ワークを真摯に実行すれば、あなたの人生、そして周りの人たちの人生が大きく変化するはずです。

西田一見

ビジネスNo.1理論　目次

ビジネスNo.1理論

chapter 1

どんな人でも「勝ちグセ脳」になれる！

ビジネス
No.1理論

chapter

2

「成信力」で「勝ちグセ脳」を育てる！

ビジネスNo.1理論

chapter 3

「苦楽力」で「勝ちグセ脳」を鍛える！

ビジネスNo.1理論 chapter 4

「他喜力」で「勝ちグセ脳」を極める！

ビジネス
No.1理論

chapter

5

「勝ちグセ脳」で本当の幸せをつかむ！

chapter

1

どんな人でも「勝ちグセ脳」になれる!

無意識のうちに構築してきた「常識の枠」を壊してしまおう

あなたが営業マンだとします。先月の売上げは、ここ数ヶ月ほぼ横ばい。売上順位は、１００人中ちょうど真ん中の50位だったとします。

そんなあなたに、いくつかのお願いをします。

- 今月は、先月の売上げをほんの少しでもいいから上回ってくれますか？
- 今月は、先月の売上げの3倍を達成してくれますか？
- この会社で常に売上げNo.1を誇る営業マンになってくれますか？
- この業界で売上げNo.1を誇る営業マンになってくれますか？
- 売上げアップのノウハウを世界の一流企業に講演する存在になってくれませんか？

・スティーブ・ジョブズやマーク・ザッカーバーグのような経営者となって、何兆円もの企業価値のある会社にしてくれませんか？

さて、あなたはどの質問で「さすがにそれは無理」と思ったでしょうか？

「さすがに無理」と思った瞬間――それが、あなたの潜在意識につくられている、「常識の枠」を垣間見た瞬間です。

人間の脳は、これまでの経験を通じて学習をしていきます。そして、「自分はここまでの人間だ」「これ以上は無理だ」「できるはずがない」といった「常識の枠」を無意識のうちに構築してしまうのです。

例えば、以下のようなことが、人間の潜在意識に大きな影響を与えているのです。

・スポーツの勝負どころでミスをしてしまった↓自分はなんて勝負弱いんだ
・大学受験で志望校に入れなかった↓自分はしょせん平凡な人間なんだ
・売上目標未達で上司に怒鳴られた↓自分は目標を達成できないダメ人間なんだ
・サラリーマンの両親の元で育った↓自分は安定した生活が向いているんだ

「常識の枠」には、非常に厄介なことが2つあります。

1つは、潜在意識につくられた「常識の枠」は、目で見て確認できないこと。あなたの行動にとてつもなく大きな影響を与えている存在なのに「自分にはそんな『常識の枠』なんてないよ」「これまでの経験なんて今の生活に悪影響を与えてないよ」と思っている人が多いのです。

そして、見て見ぬふりをしながら、「常識の枠」の中で毎日生活しているのです。

もう1つは、「常識の枠」の主な素材が、否定的なデータ、つまり失敗体験である

こと。しかも、勝負どころでのミス、受験の失敗、上司の叱責など、感情を大きく揺り動かされた強烈な体験が主なのです。こういった否定的なデータは、何か行動を起こそうとする際、強烈なブレーキをかけます。

「成功しないに決まってるだろ！　過去に同じような経験しただろう。で、失敗しただろう。そして、学習しただろう。今回もまた失敗するんだから、やめておけ」

「常識の枠」は、そう訴えかけてくるのです。

No.１になれる人と、なれない人との能力の差――。

私たちは長年の脳科学研究により、それはたった１つであることがわかっています。

「常識の枠」があるか、ないか。

ただ、それだけなのです。

スーパーブレイントレーニングで常識の枠を壊す

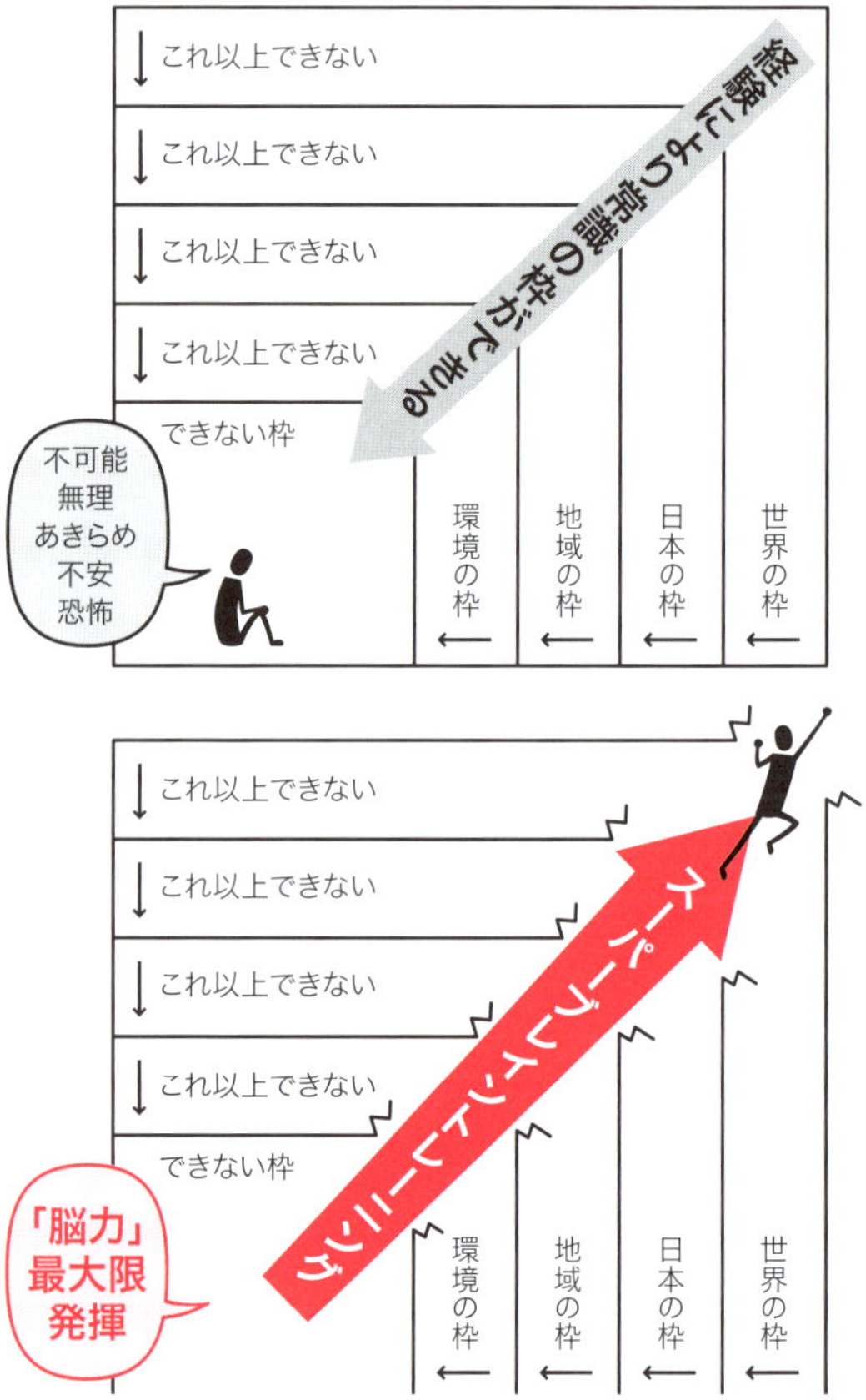

つまり、今から「常識の枠」を壊しさえすれば、今までの人生経験に左右されず、ビジネスの世界でNo.1になれるということです。

自分の中にある「常識の枠」を壊すだけで、No.1になれるのです！

なんとお得で簡単な方法ではありませんか？

本書を読み進めていくにつれ、あなたの「常識の枠」はどんどん取り払われていきます。そして、「脳力」が最大限発揮できる状態になっていきます。

それが「勝ちグセ脳」です。

「常識の枠」のない幼稚園児と同じ潜在意識に戻ろう

もしも、誰か大人が幼稚園児に向かって、「かけ算ができないから、あなたは小学校に行けないよ」と言っているのを、あなたが目撃したとします。

あなたはどんな気分になるでしょうか？

おそらく「なんてひどいことを言ってるんだ！　その子は幼稚園でかけ算を習っていないだけだろう。小学校に上がって、かけ算を習えば、自然にできるようになる。なぜ、その子の可能性をつぶすようなことを平気で言えるんだ」と思うのではないでしょうか？

ところが、高校に入学するとどうなりましたか？

例えば、高校1年の模試で、憧れの○○大学入学に「E」判定が出てしまった。すると、担任の先生から「お前、その成績で○○大学になんて行けるワケないだろ！　せいぜい『C』判定が出てる××大学くらいが妥当だぞ。高望みしないで、現実を見ろ、現実を」と言われてしまいます。

受験まで、あと2年もあります。なのに、なぜ幼稚園児は「今かけ算ができないのだから、2年後も無理。だから、小学校へは行くな」と言われないのに、高校生になると言われるのでしょうか？

実は、これと似たようなことが、大人になればなるほど起こってきます。

なぜなら、大人たちはそれぞれ自分自身の「常識の枠」があり、それに当てはめてモノを語るからです。

このような周囲からの「やめておけ」「無理だよ」という声を、私はわかりやすく「ザワザワ」と表現しています。

常識の枠＝目の前のザワザワ

ためしに自分の顔の前で、視界を遮るように手のひらを振ってみてください。風景が見にくくなりませんか？　それをずっとやっていると、そのうち手のひらが気になって、目の前の風景などどうでもよくなってきます。

「やめておけ」「無理だよ」という「ザワザワ」は、目の前で振られている手のひらのようなもの。あなたの視界を邪魔するものなのです。

ここでまず気づいてほしいのは、幼稚園の頃は誰もが「常識の枠」などにとらわれていなかったということ。だから、幼稚園児に「かけ算ができないなら小学校に行くな」と言っている大人を見たら、誰もが「ひどい」と思うわけです。

「無理だよ」「できないよ」と思わずに毎日を生きていた、あの頃に潜在意識を戻していく。それが、私たちの行っているスーパーブレイントレーニング（ＳＢＴ）、すなわち「勝ちグセ脳」のつくり方なのです。

ビジネスで成功するのは、スポーツで勝つよりはるかに簡単

　私たちは、経営者などビジネス界の人間はもちろんのこと、たくさんのトップアスリートに対してもスーパーブレイントレーニング（ＳＢＴ）を行っています。

　みなさんがよくご存じのアスリートでは、元巨人の桑田真澄投手をサポートしたり、北京オリンピック女子ソフトボールチームの金メダル獲得を支えたり、埼玉西武ライオンズの菊地雄星投手や、２０１３年のＷＢＣ（ワールド・ベースボール・クラシック）で活躍した福岡ソフトバンクホークスの大隣憲司投手をサポートしたりしてきました。

　このような世界のトップレベルで活躍するアスリートをサポートしてきた私たちは、

ビジネスの世界で成果を出したいと考えている会社の経営者などにこう言います。

「みなさん、スポーツの世界でトップになるのに比べたら、ビジネスの世界で成功するなんてチョロいですよ」

それは、なぜか？

スポーツ選手は、「体力」と「技術」と「心理的強さ」をあわせ持っていないといけないからです。そのために彼らは、激しいトレーニングをプラス思考で行い、自らを高めます。そして、この3つがすべて高いレベルに達したアスリートだけが、初めて檜舞台に立てるのです。

100m走を例に考えてみましょう。日本全国で1000番目に速い選手は、インターハイにも国体にも出場することはできません。スポーツの世界で「1000番」というのは、成功とはほど遠いところにあるわけです。

対して、ビジネスの世界はどうでしょうか？

まず、「体力」も「技術」もそれほど極端に鍛錬する必要はありません。まず、鍛えるべき要素がスポーツに比べて少ないのです。

さらに、**テレビに出ている、あなたが「かっこいいな、憧れるな」と思うような一流ビジネスマンでも、日本で「１０００番」程度のレベル**です。ビジネスの世界なら、「１０００番」どころか「３０００番」「５０００番」のレベルでも、世間から成功者と見なされます。

つまり、ビジネスで成功することは、スポーツで一流になるよりはるかに簡単なのです。

「勝ちグセ脳」をつくれば、実力をはるかに超えた奇跡が起こる

私たちは、スーパーブレイントレーニング（ＳＢＴ）、つまり「勝ちグセ脳」のつくり方の研究を30年以上続けてきました。

当初は私たちもメンタルトレーニング、つまり「勝つための心理」のつくり方からトレーニングを始めたのですが、そのトレーニングの中で大きな壁にぶつかったのです。なぜなら、私たちの目指していたことと大きなズレを感じたからです。

メンタルトレーニングというのは、「今の実力を、実力通りに出すため」のトレーニングです。

例えば、実力が１００点満点に近い非常に高いレベルにあり、環境にも恵まれている人間が、本番になるとなぜか実力が50しか出せない場合は、メンタルトレーニングが大きな力を発揮します。

けれども、実力が１００点満点に近い優秀な人間は、世の中にほんのひと握りしかいません。

そうではなく、**私たちがやりたかったのは、一般の人間でも驚くべき力を発揮できるトレーニングの開発**でした。

例えば１００点満点中20点の実力しかないような人間が、１００点どころか２００点のパフォーマンスができるようにならないのか――。そうすれば、１００点の才能を持った人間と勝負して、たとえその相手が１００点満点のパフォーマンスをしても勝てるのではないか――。

そう考えて行き着いたのが、「脳」研究の分野だったのです。

私たちが、「勝ちグセ脳」のつくり方を通じて目指しているもの。

それは、ひらたく言えば「一般人が奇跡を起こすこと」なのです。

スーパーブレイントレーニングはメンタルトレーニングとは違う

メンタルトレーニング

今ある力を本番で発揮できるようにする。
素質のある人の今の体力、技術、能力など、
もともと100ある力を本番でそのまま出せるようにする!

スーパーブレイントレーニング

日常から脳を最高の集中状態で取り組み、
潜在能力を発揮してしまう。体力、技術、能力など、
もともと50の力なら100、200と引き上げていく!

・これまでずっと赤字で悩んでいた事業が、短期間で一気に黒字転換する。
・地区予選で毎年1回戦負けだったチームが、全国優勝を果たす。
・まったくやる気のなかったダメ社員が、№1になる。
・クラスで最下位の成績だった子どもが、東大に入る。
・何の才能もないと思っていた主婦が、誰もが憧れる経営者になる。

そんなふうに、今までまったく思ってもみなかったことを、現実化するためのトレーニングが、このスーパーブレイントレーニング（ＳＢＴ）＝「勝ちグセ脳のつくり方」なのです。

スーパーブレイントレーニングで天才経営者の脳を身につける

では、「一般人が奇跡を起こす」ための脳のトレーニングとは、いったいどのようなものなのでしょうか?

実際のやり方については詳しく後述しますので、ここではイメージをお伝えします。

簡単に言えば、**「天才経営者とあなたの脳をスポッと入れ換えてしまう」**のです。

天才経営者というと、あなたは誰を思い浮かべますか?

海外なら、アップル創業者のスティーブ・ジョブズ氏や、アマゾン創業者のジェフ・ベゾス氏などを思い浮かべる人が多いようです。

また、日本ではパナソニックを創った松下幸之助氏、ホンダを創った本田宗一郎氏、ソニーを創った井深大氏や盛田昭夫氏、京セラを創り、ＪＡＬの再生を行った稲盛和夫氏などを尊敬する人が多いようです。

ここで、そのイメージを創ってみましょう。

①「天才経営者、〇〇〇〇」と、あなたにとって憧れの天才を、まず誰か1人思い浮かべてください。

経営者を思い浮かべるのが難しい人は、他のジャンルの天才でも結構です。

スポーツ選手なら、野球のイチロー選手やダルビッシュ有選手、サッカーのメッシ選手や本田圭佑選手など、さまざまな顔が浮かびますね。

ノーベル賞を受賞した科学者や、織田信長、豊臣秀吉など、歴史上の人物でもＯＫです。

②あなたの脳が、その○○○○と入れ換わり、その後の人生を過ごしていく様子を思い浮かべてみてください。

どうですか? 今までの人生とはまったく違う視野で世界が見えてきませんか?

わかりやすい例として、ある高校球児の脳が、現在メジャーリーグで活躍するイチロー選手の脳と入れ換わった場合を想像してみましょう。

その高校球児が、たとえ背が低く、非力で、県大会1回戦負けの弱小チームにいても、脳がイチローになった瞬間、天才になれるのです。

彼の目指す舞台は、当然メジャーリーグに設定されます。なぜなら、イチロー選手と同じプラス思考で、イチロー選手と同じ努力で毎日を生きようとするからです。

では、天才に共通する思考とは何か?

それは、端的に言えば、**「必ず実現する」と確信している**ことです。

発明の天才エジソンの名言に「私は今までに一度も失敗をしたことがない。この素材や方法では電球が光らないという発見を2万回しただけだ」というものがあります。しかも、ただ単に2万回実験を行ったわけではありません。徹底した科学的アプローチを2万回行い、その結果として、世界初の電球がエジソンの手によって誕生したのです。

このような天才ならではの思考を短期間で体系的に身につけられる。そして、24時間ずっとこの脳で生活できるようになる。それが、スーパーブレイントレーニング（SBT）＝「勝ちグセ脳のつくり方」です。

「勝ちグセ脳」をつくるために絶対必要な3つの力がある

「勝ちグセ脳」をつくるスーパーブレイントレーニングは、大脳生理学と心理学に基づいて考案されています。

「脳」だけでも、「心理」だけでもなく、**「脳」×「心理」**。なぜなら、この2つを組み合わせることによって、初めて大きな効果が出るからです。

昔は、「天才は脳細胞の数が多い」などと言われていました。けれども、研究によって、脳細胞の数に大きな個人差はないことがわかってきたのです。

つまり、ノーベル賞受賞者の脳も、大成功した経営者の脳も、あなたの脳もほぼ変わらない。約160億個の細胞からなり、その性質に、優秀な人もそうでもない人も大きな差はないのです。人間の脳は、国立国会図書館10館分よりもすごいと私は思います。

なぜ成功する人としない人に分かれてしまうかというと、**「脳が何を考え、どう思うか」**だけの違い。つまり、**脳の心理コントロールがうまいか、下手か、**ただそれだけの違いなのです。

では、「脳の心理コントロールがうまい」状態とは、どういうことでしょうか？天才経営者、天才アスリート、天才科学者など、成功者に見られる共通点とは何でしょうか？

彼らには**「プラス思考、プラスイメージ、プラス感情」を維持できているという共通点**があるのです。

それならば、成功者のように「プラス思考、プラスイメージ、プラス感情」を維持できるよう、脳を心理コントロールできさえすれば、誰でも成功者のように驚異的な能力を発揮できるということです。

脳を心理コントロールするには3つの力が必要になる

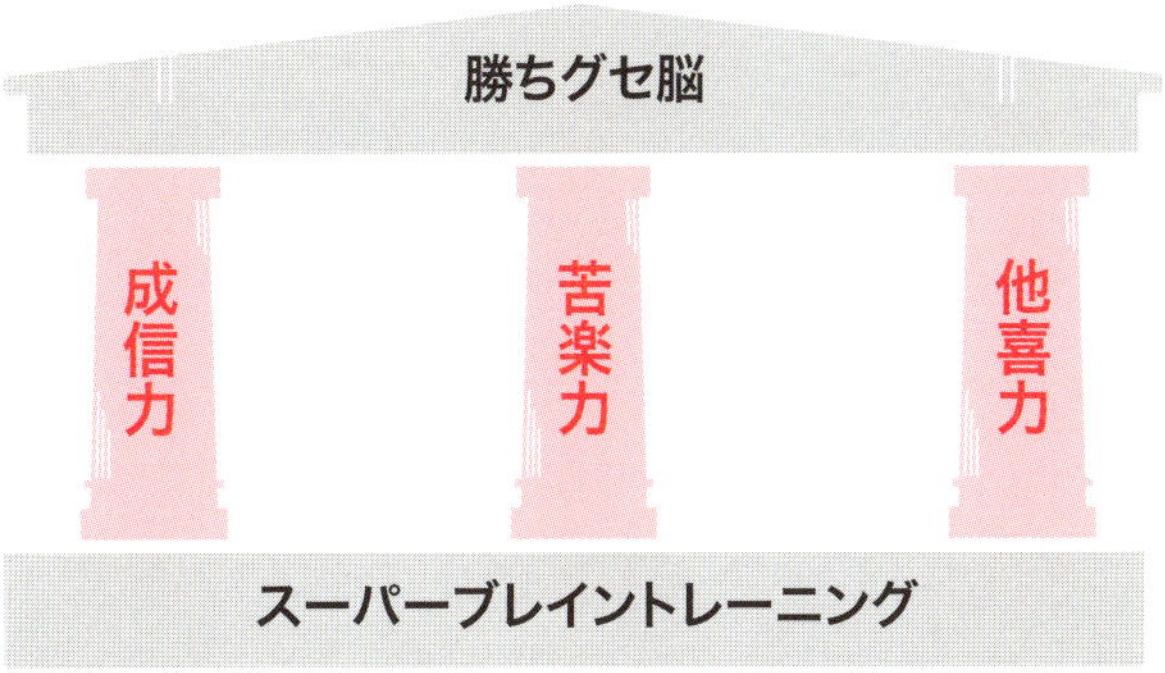

「プラス思考、プラスイメージ、プラス感情」を維持できるよう、脳を心理コントロールする――。そのために必要な3つの「脳力」があります。

・第一脳力……「成信力《せいしんりょく》」
・第二脳力……「苦楽力《くらくりょく》」
・第三脳力……「他喜力《たきりょく》」

それでは次の章から、それぞれの力について解説をしていきましょう。

chapter 2

「成信力」で「勝ちグセ脳」を育てる!

「成信力《せいしんりょく》」とは、成功を信じる力のことである。

大多数の人が難しいと思う中、成功できると信じられる人がいる

世の中の多くの人は「成功するのは難しい」と思っています。

「東大に入るのは難しい」

「スポーツの大会で優勝するのは難しい」

「営業でトップになるのは難しい」

「お金持ちになるのは難しい」

そして、「難しいのだから成功するのは無理だ」と決めつけています。

まず、私たちはここで断言します。

「成功するのは簡単なのです」と。

・成功しない脳＝成功すると「思えない」から成功しない
・成功する脳＝成功すると「思える」から成功する

本当に、たったこれだけの違いなのです。
そして、私たちは**成功を信じる力を「成信力」と呼んでいる**のです。

人には、精神力という、心を支える不思議な力があります。これを持っている人が必ず勝者になるのです。例えば、プロゴルフツアーの最終ホールで決着がつかず、プレーオフに持ち込まれたときや、サッカーのワールドカップの延長戦で決着がつかず、PK戦に持ち込まれたとき。ここまでフルに力を出し合ってきたのですから、そのゲームにおける実力はまったく同じと言えます。そのとき、何が勝敗を分けるのか？
そうです、精神力です。

では、№1とそうでない者を分ける精神力とは、いったい何なのでしょうか？　それは、どちらが強く「勝てる」と思っているか、どちらがより強く「成功できる」と思っているかなのです。その差が、両者を分けているのです。

つまり、No.1を目指す人にとって、**「精神力」とはすなわち「成功を信じる力＝成信力」**なのです。

「何、『精神力』じゃなくて『成信力』？　読むと同じ音だからっていうだけの、単なる語呂合わせでしょ」と思った方もいるかもしれませんが、決してそうではありません。「成信力」という文字のほうが、「No.1を目指す人に必要な精神力」をより本質的に表現しているわけです。

けれども、ここでまた多くの人は「思えただけで成功する？　それなら誰も苦労しないよ」と感じてしまうわけです。

何が難しいのかというと、「成功すること」なのではなく、「成功すると思えること」なのです。

私たちは、思考習慣の違いによって、人間を次のような5つの「脳タイプ」に区分しています。

①なげやり脳（5％）……何に対しても無関心で、どうなってもいいと感じている
②あきらめ脳（45％）……やろうと思うものの、すぐに無理だとあきらめてしまう
③なりゆき脳（35％）……途中まで頑張るものの、途中で目標を変えてしまう
④上昇脳（10％）……勝ちたい、一番になりたいと思い、目標達成を目指す
⑤勝ちグセ脳（5％）……常に「勝てる」「一番になれる」と思い、目標を達成する

この本を手に取った人は、これからビジネスで№1を目指したいと思っているでしょうから、①のなげやり脳の人はまずいないでしょう。

②のあきらめ脳や、③のなりゆき脳の人はいるかもしれませんね。「上場企業の社長になりたい」「大金持ちになりたい」など、最初は期待に胸をふくらませて挑戦を始めるものの、途中で「やっぱり自分には無理だな」とか「やっぱり自分にはこれく

らいの規模がお似合いだな」とあきらめてしまうタイプです。

「自分はやる気があるのに、周りの人たちに理解してもらえない」というように、誰かのせいにしている脳も、④の上昇脳ではなく、②のあきらめ脳や、③のなりゆき脳に分類されます。この②と③で、実に全体の80％を占めているのです。
④の上昇脳は、「なぜだ？」「何か方法はないか？」「どうすればうまくできるか？」を考えながら実行しているレベルです。成功の確信までは持てないけれど、前向きに模索する人です。

つまり、**95％の人は、自分が成功すると「思えない」。「自分が成功できると『思える』勝ちグセ脳」をあらかじめ持っているのは、たった5％の人間**なのです。

そして、その限られた5％の人間が、「勝ちグセ脳を持った成功者」と呼ばれているわけです。

普通、人は勝負に勝ったり、成功したりすると、自信を持ち、強くなっていきます。

その反対に、勝負に負けたり失敗すると、自信をなくして弱くなるものです。

ところが、勝ちグセ脳を持った成功者たちは、負けたり失敗したりすると、逆に強くなるのです。

どういうことか？

彼らはゴールを信じ続けているのです。つまり、「勝つ」ことしか信じていないのです。たとえ１０００回失敗したとしても、うまくいくことだけをイメージし、成功するまで続けられるので、どんどん強くなっていくのです。

だから、彼らは絶対に「負ける」ことがありません。勝率は１００％。実にご都合主義で、オメデタイ人たちなのです（笑）。

さて、ここでみなさんに朗報があります。

「勝ちグセ脳をあらかじめ持っている成功者は、たった５％の人間」――そう書きましたが、**勝ちグセ脳をこれから獲得し、その限られた5%の枠に入ることは今からでも十分可能**なのです。

また、「成功者」という言葉を耳にすると、多くの人が「成功者だから頭がいいわけでしょ。自分のように頭が悪い平凡な人間が成功できるわけないでしょ」と言います。これも、私たちからすれば、とんでもない間違いです。

まず、「成功者」＝「頭の良い人」という図式を取り払ってください。

あなたは頭が悪いから、成功できないのではありません。頭が良すぎて、成功できないのです。

あなたも脳の仕組みを理解すれば、「なぜ頭が良すぎると成功できないのか？」がわかります。

知性脳・感情脳・反射脳という3層構造で脳はできている

脳の仕組みは意外とシンプルです。

まず、脳を人間の側頭部、つまり横から見てみると、大脳新皮質、大脳辺縁系、脳幹の3つに分かれています（次ページ図）。

1つめの**大脳新皮質**は、一番外側にあり、脳の写真やイラストで見かける、しわしわの部分です。私たちはこの部分をわかりやすく**「知性脳」**と呼んでいます。

2つめの**大脳辺縁系**は、喜怒哀楽などの感情をつかさどる働きをしています。そして、この中の**「扁桃核」**と呼ばれる1・5㎝ほどの小さなアーモンド形の脳で、快・不快の感情が発生することがわかっています。私たちはこの大脳辺縁系を**「感情脳」**と呼んでいます。

脳は3つの層でできている

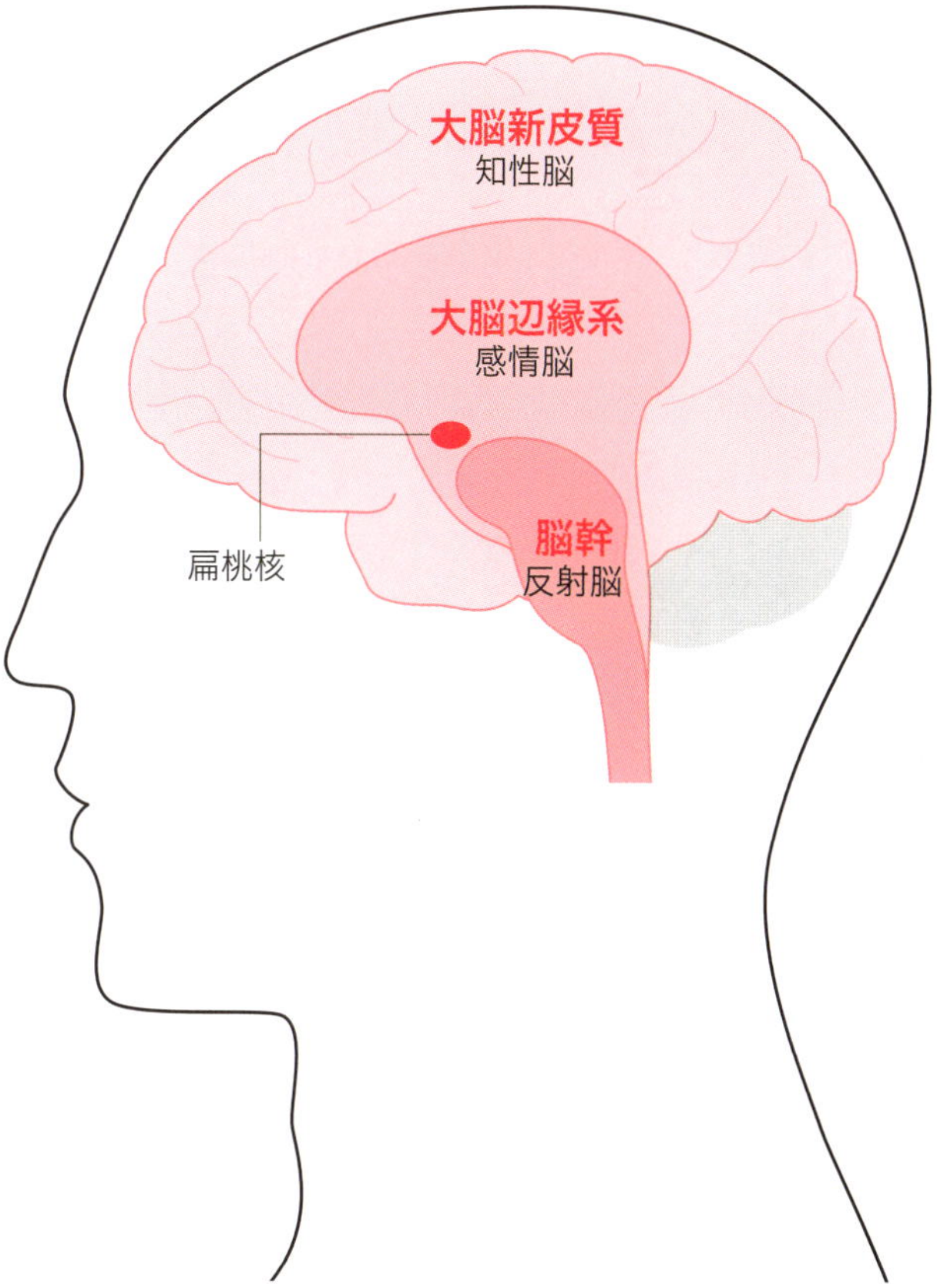

3つめの**脳幹**は、脊髄の上にある小さな脳ですが、この小さな脳が必要に応じて、いろいろなホルモンを血液中に放出し、脈拍や呼吸、血圧、体温などの生命活動を調整しています。私たちはこの部分を**「反射脳」**と呼んでいます。

か弱い母親が、火事で逃げ遅れた我が子を救出しようとして何十キロもある柱を持ち上げてしまうといった現象を「火事場の馬鹿力」などと呼びます。このとき、闘争ホルモンとも呼ばれるアドレナリンが、この脳幹から出ています。

他にも、やる気ホルモンのドーパミン、幸せホルモンのセロトニン、覚醒ホルモンのβエンドルフィンなどが、この脳幹から分泌されているのです。

つまり、**脳は「知性脳ー感情脳ー反射脳」という3層構造になっている**わけです。

次に、脳を人間の正面から見てみましょう。大脳新皮質は、真ん中に大きな溝があり、左脳と右脳に分かれています（次ページ図）。

左脳は、分析し、判断することをつかさどる**「理屈脳」**です。意識に関連し、論理的、

大脳新皮質は右脳と左脳で構成されている

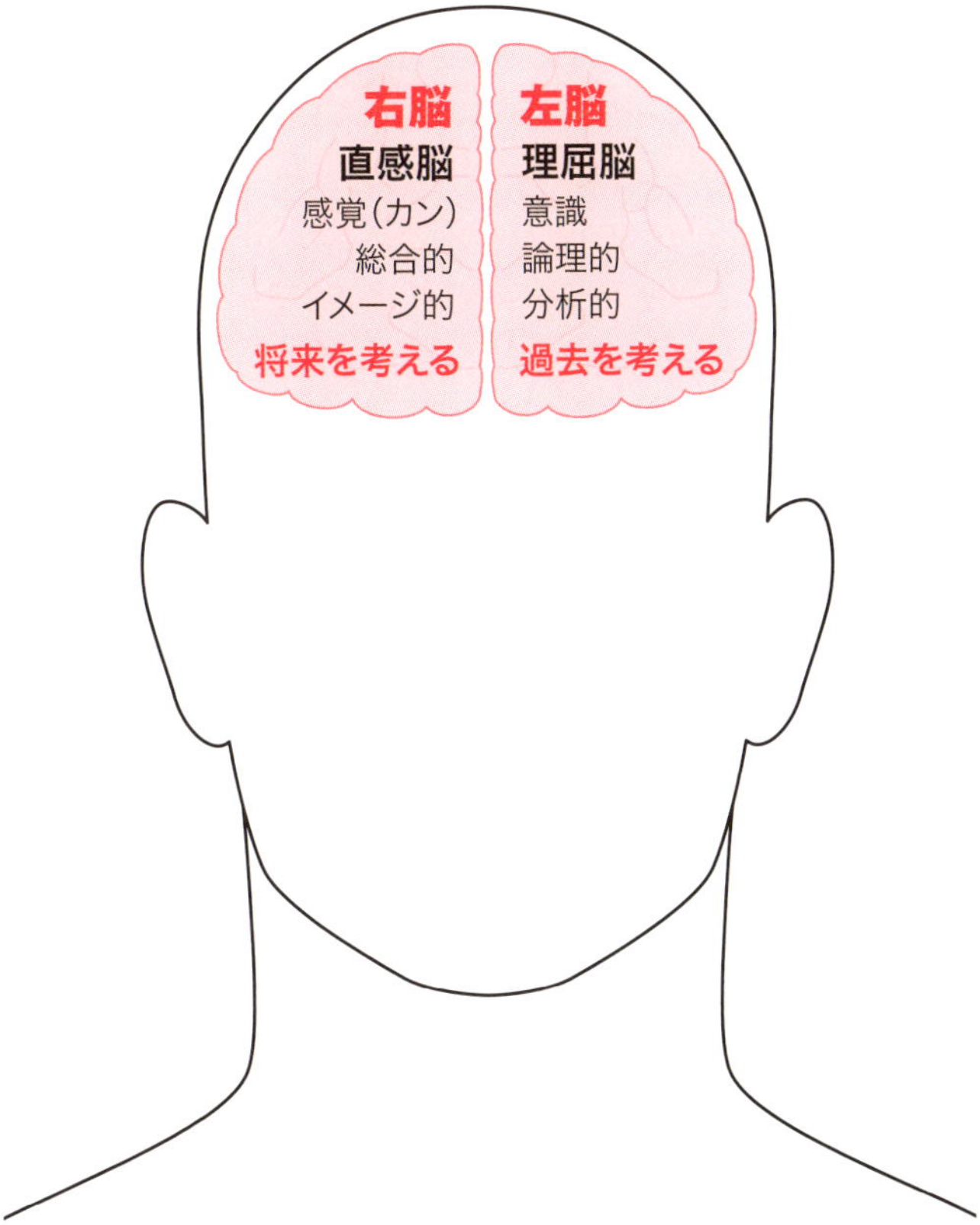

分析的な面があります。また、**「過去を考える脳」**であるということも覚えておきたいところです。

一方、右脳は、イメージ処理をつかさどる**「直感脳」**です。左脳が意識に関連しているのに対し、こちらは感覚（カン）に関連。総合的、イメージ的な面があります。そして、覚えておいてほしいのは、**「将来を考える脳」**であるということです。

つまり、「知性脳」である大脳新皮質は、「理屈脳」と「直感脳」の2つで構成されているわけです。

これらを踏まえた上で、「なぜ頭が良すぎると成功できないのか?」を解説していきます。

普通に過ごしていれば、誰でもマイナス思考になっていく

ではまず「右脳」を切り口として、「なぜ頭が良すぎると成功できないのか?」の解説を進めていきます。

このイメージ処理を行う右脳には、驚くべき能力があります。それは、**「右脳でイメージして覚えた情報は大量かつ忘れられないほど深く記憶できる」という能力**です。

いったいどれほどの記憶が可能なのでしょうか?

私たちのスーパーブレイントレーニング（ＳＢＴ）のセミナーでは受講者の方に「今から30個のモノの名前を言ってください。その名前を私たちはその場で完璧に覚えられますから」とお伝えします。

すると、受講者のみなさんは「さすがに30個をいきなり覚えるのは無理だろう」と疑いつつ、1人1人思い浮かんだモノを「イチゴ」「ハンガー」「壁」「ガードレール」「床の間」などと挙げていきます。1人1人がパッと思いついたものを挙げていくのですから、脈絡はまったくありません。受講生のみなさんには、挙げたモノを1から順番に紙に記録しておいてもらいます。

30個出た時点で、私たちは「1番イチゴ、2番ハンガー……」といった形で完璧に答えます。さらに、1~30の適当な番号を1つ挙げてもらって、「27番はシュークリーム」などと答えるのです。

もちろん、30でも100でも300でも同じです。

ここでお伝えしたいのは、「人間の記憶力って素晴らしいな」ということではありません。「私たちが、何十、何百ものモノをなぜその場で記憶できるのか?」という点に注目してほしいのです。

なぜ、私たちはそれほどのモノを一度に覚えられるのか?

自分を知る練習コーナー❶

あなたもイメージで記憶してみましょう!

誰かに協力してもらって、1つずつモノを挙げて記録してもらいます。1番として1つ挙げてもらったら、イメージをしながら記憶します。そして、2番、3番と挙げてもらっては記憶するということを繰り返します。30個まで記憶して、1番から順に言えるように、また指定した番号のモノを言えるように練習してみましょう。

1		11		21	
2		12		22	
3		13		23	
4		14		24	
5		15		25	
6		16		26	
7		17		27	
8		18		28	
9		19		29	
10		20		30	

それは**「感情を伴ってモノを記憶している」**からです。

例えば、「イチゴ」というモノを覚えるときは、「イチゴっておいしいよな。とくに家族で夏休みに食べたイチゴは最高だったよな」というふうにインプットするのです。ちなみに、順番は身体の部位にひもづけて覚えます。例えば、おでこは1番、右頬は2番……と自分の中であらかじめルールを決めておきます。そして、あのおいしかったイチゴの記憶を、おでこに貼りつける……。そんなイメージで記憶しています。

「感情を伴った記憶は忘れない」と聞くと、「そう言われればそうだな」と思う方も多いと思います。

「小学生の頃に初めて外泊したキャンプのことは今でも覚えている」
「中学時代の部活の合宿で体験した、地獄の長距離走。今思い出してもつらかった」
「親友の結婚披露宴。あいつの幸せそうな顔が忘れられない」
「会社に入って初めての大きなミス。気づいた瞬間を思い出すと今でも冷や汗が出る」

などなど、人それぞれに「感情を伴った記憶」があるはずです。

そして、これらの記憶データは、普段は意識されることなく、潜在意識の中に眠っていると心理学では言われています。

ところが非常に残念なことがあります。

人間は**「プラス感情よりもマイナス感情を伴った経験のほうが記憶しやすい」生き物**なのです。

楽しい、うれしいといったプラス感情よりも、痛い、怖い、悲しいといったマイナス感情を伴ったイメージのほうが記憶しやすいのです。

これは、日常の経験でもよく起こることです。同僚を助けるつもりで「手伝おうか？」と声をかけたところ、「いや大丈夫」と言われた。その言い方が何だかすごく冷たい感じでとても腹が立って……、「もうアイツに二度と手伝おうかなんて言ってやるもんか」などと思うものですが、当の相手にはまったく他意がなかったりします。

もともと何の意味も感情もついていない情報に対してマイナス感情を抱き、マイナスイメージ、マイナス思考になってしまう。
つまり、私たちは、**普通に毎日を過ごしていれば自然と「マイナス思考人間」になってしまう**わけです。

そして、**頭が良い人ほど、「マイナス思考人間」への傾向が激しくなる**のです。

どういうことか？

頭の良い人は、「知性脳」と呼ばれる大脳新皮質のうち、「理屈脳」である左脳を駆使して情報を処理することに長けています。その左脳は、右脳が取り込むイメージを論理的に分析します。けれども、右脳が取り込むイメージはマイナス情報のほうが多いわけですから、そこで導き出される結論は当然「無理だ」ということになるのです。

そして、経験を積めば積むほど、考えれば考えるほど、「無理だ」という答えは確固たるものになっていきます。

これが、「頭が良すぎると成功できない」理由です。

司令塔となる感情によって、思考も体調も決まってくる

では、いったいどうすれば、良すぎる頭を悪くできるのでしょうか？　そして、成功につなげられるのでしょうか？

そのカギを握っているのが、「感情」です。

さきほど、脳は「知性脳―感情脳―反射脳」という3層構造になっているという話をしました。この3つの中で**人間の司令塔とも言うべき役割を果たしているのが、大脳辺縁系、つまり「感情脳」**なのです。

マイナス感情になるということは、「感情脳」の扁桃核が不快反応を示しているということです（メカニズムは100〜103ページ）。

すると、その不快反応が「反射脳」と「知性脳」のそれぞれに影響を及ぼします。

まず、「反射脳」と呼ばれる脳幹からマイナスのホルモンが分泌され、「感情がマイナスを感じているぞ」と全身に知らせます。すると、呼吸が浅くなる、脈拍が速くなる、血圧が上がるなどの変化が現れます。

なぜなら、マイナス感情は、そもそもは人間の生命にとって何かしらの危機を伝えるサインだったからです。そのため、生命維持機能に影響が出て、体調が悪化するのです。

また、同時に「知性脳」と呼ばれる「大脳新皮質」(右脳・左脳)は、「感情と思考の一体化」を「感情脳」から迫られます。

どういうことかというと、マイナス感情を持っているのに、プラス思考でそれを乗り切ろうとすると、「反射脳」がストレスホルモンをどんどん分泌して、マイナス思考にするのです。

これも、感情と思考がバラバラでは危険という、人間にとっての本来の危機管理の

感情が思考と体調を決めている

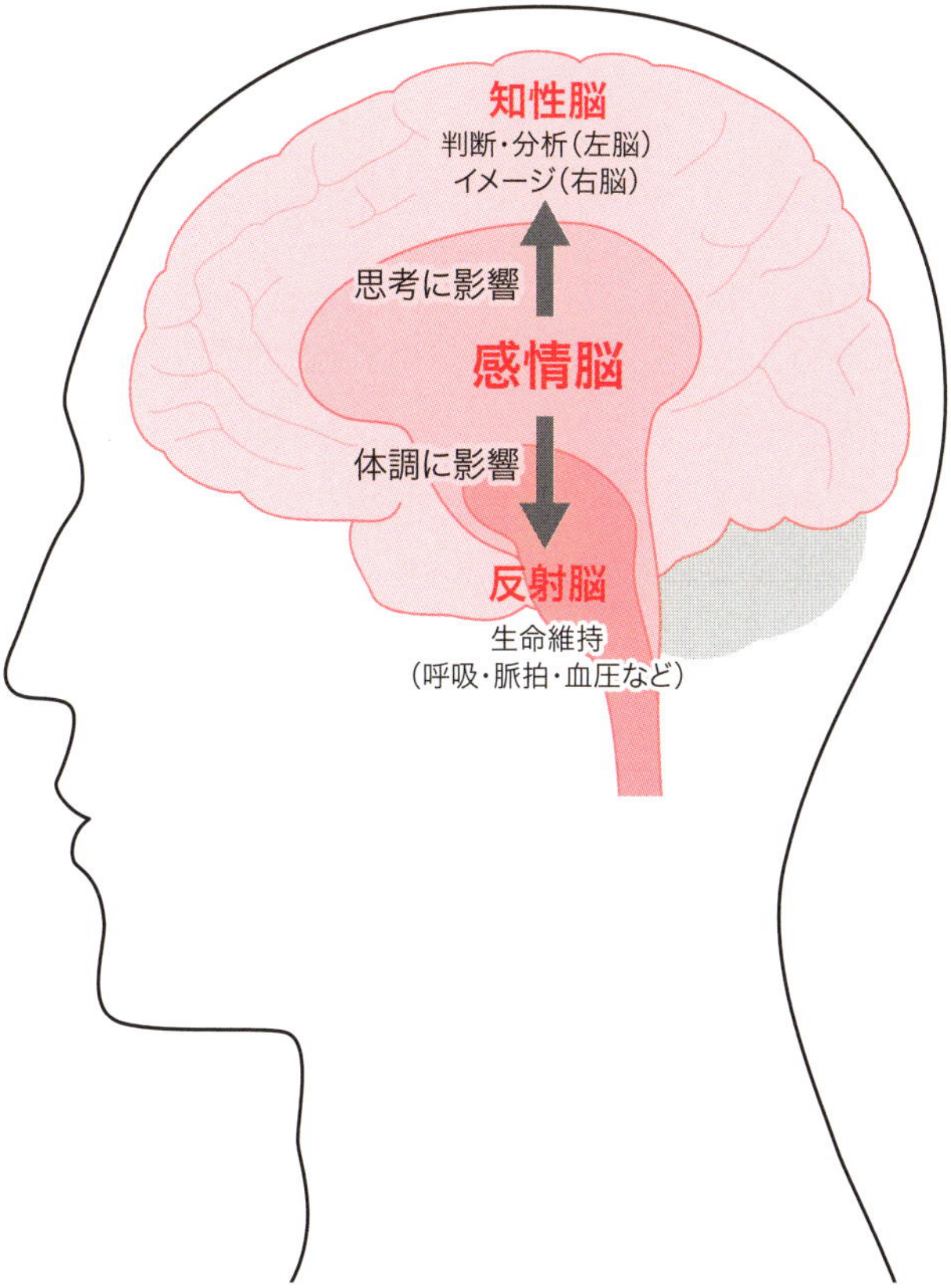

システムの１つと言えます。

つまり、**「感情」が、あなたの「思考」と「体調」を決めている**のです。

私たちの身体の司令塔は「感情脳」であり、私たちがまず目を向けるべきは「感情」です。その「感情」を無視して何かを始めたところで、それでは決して成功には近づけないのです。

逆に言えば、「感情脳」にプラスの記憶データを送り込んで、常にプラス感情で過ごすことができれば、あなたの「思考」はプラスとなり、「体調」もすこぶる良く、どんどん行動をし続けます。そうすれば、その先で自然と成功しているのです。

正しい仕事は続かないが、楽しい仕事ならずっと続けられる

ここまでよくおわかりのように、脳を肯定的なプラス状態に持っていくカギは「感情」です。

つまり、簡単に言えば、常にワクワクしていれば、どんな人だって成功してしまうのです。

ワクワクの感情になると、脳内の快楽神経とも呼ばれるＡ10神経から、ドーパミンが大量に分泌されます。聞いたことがあるかもしれませんが、このドーパミンは、やる気ホルモンと言われています。

ワクワクの感情になる
↓
快楽神経A10から、やる気ホルモンであるドーパミンが脳内で分泌される
↓
脳内がワクワクで満たされ、身体に指令が行く
↓
やる気や行動が高まる

こうしたプロセスが生じるのです。

大切なのは、「楽しい」ということで、「正しい」ということではない。それは、ぜひ押さえておきたいポイントです。

みなさんもきっと仕事の中で「それをやるのが正解だとわかってはいる。でも、ま

ったくやる気にならない、続けられない」という体験をしたことがあるはずです。

例えば、「今日中に企画書を仕上げなければ、明日のプレゼンに間に合わない。でも、まったく作業が進まない」「今週中にあと10件は訪問しなくてはいけない。でも、まったく行く気にならない」といった体験です。

それは、決してあなたが悪いわけではありません。あなたの脳の仕組みがそうさせているだけなのです。

なぜか？　脳の中には、「正しいかどうか」の判断基準がなく、「楽しいかどうか」の基準しか存在しないからです。

- **仕事が楽しかったら、あなたは行動を開始し、行動を続ける。**
- **仕事が楽しくなければ、あなたは行動しないし、たとえ行動を始めても続かない。**

たったそれだけのことなのです。

これは、パチンコを例に考えるとわかりやすいかもしれません。パチンコをやらない人からすると、パチンコに熱中している人を「朝早く開店前から並んで、閉店まで1日中よくやってられるな」と思いませんか？　パチンコをやっている人たちはその間、やる気ホルモンのドーパミンが出まくり、ワクワクしっぱなしなのです。

ただ、彼らはパチンコをする自分を「正しい」とは思っていません。ただ、「楽しい」とは思っています。だから、1日中やっていられるし、時間さえあればまた行こうとするのです。

これは、競馬、競輪、麻雀などのギャンブル、ゴルフなどのスポーツにも当てはまります。

いくらその仕事が重要であるとわかっていても、「楽しい」という感情がなければ、あなたは仕事で成果を発揮できないのです。

このようなことから、「努力しないと成功しない」「イヤな仕事でもガマンしてやるから大成するんだ」といった努力論、根性論を私たちは明確に否定します。

自分を知る練習コーナー❷

あなたがワクワクすることを確認しましょう!

まず、あなたがワクワクすることを10個挙げてみましょう。10個書けたら、その中であなたが最もワクワクすることを1つ選んでください。そして、1つに決めたことが、なぜ最もワクワクするのか、その理由を書き出してみましょう。

1	
2	
3	
4	
5	
6	
7	
8	
9	
10	

●最もワクワクすることは?

●なぜそう思うのですか?

・今の職場に不満がある。けれども、グチを言わずに黙々とやる。
・この仕事をしていて、何にも得るものがない気がする。でも、頑張ってやる。
・心も身体もつらい。でも、根を上げずにやる。

断言します。こんなことをやっても、成功の何の足しにもなりません。
だから、巷でお題目のように唱えられている**「努力をすれば成功する」**は、**まったくのウソ**です。

イヤな気持ちを抑えて仕事に向き合うくらいなら、やらないほうがよっぽど成功の近道です。そうではなく、「勝ちグセ脳になっているかどうか」が大事なのです。

ワクワクするイメージを持てれば、誰もが自然と成功できる

世の中には、仕事にワクワク取り組める「天才」がいます。その一方で、仕事をしていてもつらい、つまらないと感じる「凡人」がいます。

先ほども話した通り、仕事にワクワク取り組める「天才」は、世の中に5％しか存在しません。

この差を生み出しているものは、いったい何なのでしょうか？　なぜ、ほとんどの人間が「やらなければならないこと」を歯を食いしばりながら頑張る一方で、わずか一部の人間だけが楽しそうに仕事をしているのでしょうか？

実は、彼らは自然とワクワクしているわけではないのです。人間の脳の仕組みを利用して、意図的にワクワクを創り出すことができるのです。

①目標達成している様子をありありとイメージする。
②そして、そのイメージを持ち続ける。
③すると、イメージを実現しようという願望が生まれ、願望が行動を続けさせる。

この①→②→③のステップにより目標が達成されることを彼らは熟知し、このステップを毎日実行しているのです。

ビジネスの世界で№1になるための第一脳力「成信力」は、このサイクルを習慣化することによって養われます。

ここで、サイクルの1つ1つについて少し解説していきます。

①目標達成している様子をありありとイメージする

目標達成している様子のことを、私たちは「夢目標」と呼んでいます。ここで注目してほしいことが2つあります。

1つは、以下のように**「夢目標を実現するイメージング3原則」を理解した上で行う**こと。

原則1　すでに夢や目標が実現した状態をイメージする

「こうなれたらいいな」「ああなりたい」は達成半ばのイメージ。そうではなく、「すでにそうなった」状態をイメージします。

原則2　細部までリアルにイメージする

目に見える光景、聞こえてくる音、感じる香りやニオイ、身体が感じる重さや質感などなど……五感すべてを総動員して、その状態を細部までリアルにイメージします。

原則3　イメージに自分の感情を加える

夢目標を達成したとき、あなたの感情はどのようになっていますか?　それを想像し、味わいます。

もう1つは、「夢」という言葉からもわかるように、**「それが実現したら最高!　本**

当にうれしい」というものをイメージすること。

ビジネスにおいて目標というと、「年商10億円」といったように数値だけを掲げる人が多いようです。けれども、夢目標は違います。

例えば、こういうことです。

「年商10億円を達成し、従業員とその家族を集めて一流ホテルで開催したパーティー。そこで、全員で輪になって肩を組み、自分はみんなに『ありがとう』と言っている。従業員の中にはうれし涙を流している者、白い歯を思い切り見せて満面の笑顔の者もいる。それを見ていて、自分の胸にも熱いものが込み上げてきた。『ここまでよく頑張ったな』と思ったら、自分もうれしくて思わず涙を流していた……」

このように、あなたが「やったぞ！ この瞬間が味わいたくて自分は夢目標を描いたんだ」という最高の場面を、まるでその場にいるようにありありとイメージするのです。

②そのイメージを持ち続ける

夢目標は、単にイメージするだけでなく、イメージを持ち続けることが大切です。
その理由は3つあります。

理由1　脳はイメージし続けるだけで「実績アリの経験者」と見なしてくれる

脳というのは一見賢そうで、実はおっちょこちょいの面があり、「過去の経験」も「未来の経験」も、同じ「経験」ととらえてくれるのです。これほどオイシイ脳の「勘違い」を、私たちが利用しない手はありません。

人間は「常識の枠」によって行動にブレーキをかける、そしてその元凶となっているのが「過去の経験」だとお話ししました。ところが、脳は、「未来の経験＝私たちの夢目標」も過去の経験だと思ってくれる。あなたが心からワクワクする夢目標を強くイメージし続けるだけで、脳は「実績アリ」と見なしてくれるのです。こんなにラクな方法はありません。

理由2　人は1日に7万回「無理だ」「ダメだ」「できない」と思っている

人は1日に7万回も思考しており、過去の経験からくるあなたの記憶データは、絶えずあなたの無意識に「無理だ」「ダメだ」「できない」と話しかけています。これでは、あなたが成功するわけがありません。「すでに成功した場面」というプラスの記憶データを送り込み続けることで、悪い習慣を断ち切り、プラス思考をするクセを脳につけさせるのです。

理由3　身体は脳がイメージしたことを現実にしようとする

これは、日常の中であなたがすでに何度も経験している、ごくあたりまえのことです。コーヒーを飲む際も、脳が「カップを持ってイスに座り、コーヒーカップを口に運ぶ」というイメージを事前につくり、そのイメージを実現させるべく身体が動いています。

つまり、人が行動するときには、どんな場合もイメージが先にあるのです。

③イメージを実現しようという願望が生まれ、願望が行動を続けさせる

夢目標というイメージがあると、心も身体も実現しようとワクワクします。そして、その間にトラブルや障壁があっても、「ダメだ」「無理だ」とまったく思わず、楽しく

行動し続けられるのです。目標達成までワクワクし続けられる状態、それは「願望」がある状態なのです。

これは、勉強が嫌いで1時間も座っていられない子が、大好きなテレビゲームに熱中している状態を思い浮かべるとわかりやすいかもしれません。

その子にとって勉強は「イヤだな、でもやらなきゃ」と感じるもの。だから、わからない問題があったり、他に楽しそうなことがあると、途中で投げ出してしまう。けれども、テレビゲームはワクワクした状態で「よし、この画面をクリアして次の画面へ進むぞ」と願望を持って取り組んでいるわけです。そのため、何時間でも平気で集中できるのです。

ところで、この子はテレビゲームをしながら「苦しい」と思っているでしょうか？何としてでも「根性」でやり抜こうと思っているでしょうか？答えはＮＯです。

夢目標をイメージすると
願望が生まれて行動が続く

①「夢目標をイメージする」→②「そして、イメージを持ち続ける」→③「すると、願望が生まれ、行動が続く」というステップを踏めば、「努力」も「根性」も「精神力」もまったく必要ありません。楽しく行動した結果、自然と「成功してしまう」のです。

つまり私たちも①→②→③のステップを踏んで、テレビゲームに熱中する子どものように仕事をすればいいのです。

そして、この3ステップを毎日の生活で習慣化できたとき、あなたは第一の脳力「成信力」を獲得できたと言えるのです。

勝ちグセ脳ワーク 1

夢目標を設定して「成信力」を強化する

夢や目標は紙に書くとよく叶うと言われます。そこで、私たちは次ページのような「夢目標設定シート」を使って、夢や目標を具体的なイメージにします。

この「夢目標設定シート」の最大の特長は、文字だけではなく、絵や写真を用いてあなたが本当に叶えたい場面のイメージをつくる点です。なぜなら、絵や写真などのビジュアル素材を使うことで、ただ文字を書くよりも鮮明にイメージができ、思いを込めることができるからです。

①まず、夢目標を思い浮かべてみましょう。

「こういうことを叶えられたら、心からワクワクする」というものを1つだけイメージしてみてください。できれば1年先を目安に、少し遠くの未来を見て行います。

夢目標設定 シート

私　　　　　　　　は　　　年　　　月　　　日に
を実現しました
夢目標

●夢を実現したときはどのような状況ですか？

●あなたはそのときに何を感じていますか？

●誰がどのように喜んでくれていますか？

このとき、とても大事なポイントがあります。もしも「～しなければならない」といった義務感から思い浮かべたイメージなら、それは今まであなたが立ててきた、ただの目標と何ら変わりありません。これは夢目標なので、そうではなくて、「心からやりたい」と思える、ワクワクするものをイメージすることが大切です。

さあ、どんなイメージが浮かんできますか？　あなたは、どんな場所で、どんな人と、どんなことをしているでしょうか？

②イメージが1つ決まったら、次はビジュアルをつくっていきましょう。

絵が得意な人は大きなスペースに絵を描いてみてください。

絵が苦手だったり、写真のほうが雰囲気が出るという人は、最もイメージのわく写真を探して貼ってください。いろいろな写真を組み合わせてコラージュにするのもいいでしょう。

もちろん、絵と写真を組み合わせてつくるのもＯＫです。

絵の場合も、写真の場合も、あなたのイメージに忠実なカラーでつくりましょう。

③質問項目を文章で埋めていきましょう。

「夢を実現したときはどのような状況ですか？」

どんな場所ですか？　何が見え、何が聞こえ、手足はどんな感触で、どんなニオイがしますか？

「あなたはそのときに何を感じていますか？」

あなたの胸にどんな感情があふれていますか？　身体はどんな感覚になっていますか？　どんなポーズや動きをしていますか？

「誰がどのように喜んでくれていますか？」

誰がどんな表情やポーズで喜びを表していますか？　その人はあなたにどんなことを言っていますか？

さまざまなことを思い浮かべて、文章にしてみてください。きれいな文章にする必要はありません。あなたがそのイメージをいつも思い浮かべられるようにするためのものなので、キーワードだけでももちろんＯＫです。

④夢目標設定シートを持ち歩いたり、目につくところに貼って、毎日見ましょう。

朝起きたとき、仕事の休憩時間など、自分が習慣化しやすい時間帯を見つけて、毎日シートを見ましょう。

ワクワクとした感情を毎回味わうことがとても大切です。1回の時間は、ほんの数十秒で結構です。「あぁ、自分があんなことをして……、そしてあの人がこんなに喜んでくれて……」と、思い浮かべるたびに充実感で胸がいっぱいになるように味わい切ってください。

1日1回見る習慣ができてきたら、見る回数を3回、4回と増やしていきましょう。目にする回数が多ければ多いほど、脳にはっきりとイメージが形づくられ、「勝ちグセ脳」に近づいていきます。

chapter 3

「苦楽力」で「勝ちグセ脳」を鍛える!

「苦楽力《くらくりょく》」とは、苦しい状況を楽しめる力のことである。

プラス思考勘違い人間ではなく、真のプラス思考を目指す

第1章では「成功を信じる力＝成信力」についてお話しました。そして、「成信力」の重要なキーワードとなるのが、ワクワクという言葉でした。

では、なぜ「成信力」だけでは足りないのでしょうか？　なぜ、ビジネスでNo.1になるためには第二の力「苦楽力」が必要なのでしょうか？

それは、どんなにワクワクするイメージで毎日仕事に臨もうと思っても、No.1を目指す過程でワクワクできない苦しい状況が訪れるからです。そうなると、脳はマイナス感情になり、本来の力を発揮できなくなってしまいます。このときに、真のプラス思考ともいうべき「苦楽力」が必要となるのです。

では、**「真のプラス思考」とはいったい何でしょうか?**

この質問をすると、「えっ、どんなことが起きてもポジティブに考えることですよね? 『始めれば何とかなるさ』と思って始めるとか、『まあ成り行き次第で変えればいいや』と思って進んでいくとか……。常に楽観的というかリラックスした感じのことですよね」と答える人がいます。

私たちはそのような人を**「プラス思考勘違い人間」**と呼んでいます。

もしも最悪の状況を想定せずに、プラスのことだけを考えることが「プラス思考」だと思っているとどうなるでしょうか? 次の4つのことが起こりがちになります。

①思いつきの計画で動く

例えば、「今、飲食業界ではパンケーキがブーム」と聞けば、これまでの自分のキャリアをまったく無視して「そうだ、パンケーキをメインにしたカフェを開こう。飲食業界の経験がまったくないからといって、二の足を踏むなんてネガティブすぎる。よし、自分を信じてやってやるぞ」といった具合です。

②最初は最善を求めるが、途中で求めなくなる

例えば、「最初は『世の中になかったオリジナル商品をつくって年商10億円の会社にするぞ』と思って会社を立ち上げたけど、やっぱり景気が良くないよな。まあ、今でも何とか食えてるんだからよしとするか」といった具合です。

③問題点があっても、チェックせずに平気でいる

例えば、「なぜ、こんなにいつもお金がないんだろう？　お金のことばかり細かく言ってるとカドが立つから、まあいいか」といった具合です。

④結果を出さず、無責任が平気になる

例えば、「今期は赤字か、これで2年連続だな。まあ親父の頃と違って市場規模が年々縮小しているし、オレの経営の仕方が悪いというより時代が悪いよなあ。ま、焦らず気楽にいこう」といった具合です。

単純発想・単純計画→気分で行動→ノーチェック→結果出さずに無責任

このような人が「プラス思考勘違い人間」です。これでは、No.1になれるはずなどありません。

危機管理をせずに気分で実行して、あとは「ツイてる」「ツイてる」と唱えるだけ。

これでは何も変わらないのです。

真のプラス思考人間は、苦しければ苦しいほど楽しくなる

「プラス思考勘違い人間」に対して、「真のプラス思考人間」とは、ワクワクできない苦しい状況が訪れても、左脳の「危機管理能力」と右脳の「イメージ脳力」をフル稼働して、「どんなことがあっても成功するんだ」と考えられる人間のことなのです。

①計画を実行に移す前に、危機管理ができている

「自分の強みを生かせるか?」「万が一の際に相談できる相手は誰か?」「どのくらいの期間、どのくらいの損失で撤退を決めるか?」など、あらゆることをシミュレーションしています。

②実行段階では、途中で何があっても最善を求め続ける

「計画段階で立てた目標を達成するまで、どんなことがあってもやり抜くぞ」という思いにブレが生じません。

③実行中は絶えず問題点の徹底チェックを行う

「何をどう改善すれば、もっと良い結果が出るのだろう?」と常にＰＤＣＡサイクルを回しています。

④責任を持ち、結果を出していく

「いつまでにこのような数字を達成しようと目標を掲げ、実際に達成できました」というように常にイメージ通りクリアしていきます。

危機管理をして計画 → 最善を求めて行動 → 徹底チェック → 責任を持って結果を出す

このような人が真の「プラス思考人間」なのです。

人間、生きていればさまざまなトラブルに見舞われます。普通ならそこで「なんてツイてないんだ」「なぜ自分がこんな目に遭わなければならないんだ」とマイナス思考になってしまいます。

ところがここで、勝ちグセ脳を持つ成功者たちはまったく正反対の反応をします。「トラブル大歓迎」と自分をその気にさせて、果敢にチャレンジしていくのです。

例えば、強力な競合他社が出現したとしても、仕事の問題が発生して休日出勤になったとしても、「これは自分が今より上のレベルへ成長するための登竜門だ」「よし、いいネタをもらったぞ。うまく乗り切って、後日みんなに面白おかしく話そう」と思うのです。

トラブルに頭を悩ませ、苦しみながらも頑張って乗り越える。すると、この経験を通して自分が成長したことが実感できます。

こうした苦しい経験を見事に克服したことを、脳はしっかりと覚えています。そして、「できた」という達成感や「自分はできる」という自信が、新たな挑戦につながるのです。

苦しみを楽しみに変えて成長していく――。この好循環をどうつくるかは後述するとして、いったんこれを知ったら、楽しくてやめられなくなります。そして、苦しい状況に自ら飛び込もうとするクセがついてしまいます。

そうです、成功者とはある意味、苦しい状況を快感だと思うマゾ気質の人たちなのです（笑）。

No.1と呼ばれるレベルの経営者に、マラソンやトライアスロンにハマっている人たちが多いのが何よりの証拠です。自らを苦しい状況に追いやるのに、一番簡単な方法がマラソンやトライアスロンだからです。つらいマラソンやトライアスロンにとても楽しそうに参加している姿は、私たちには「苦楽力を鍛えるためのエクササイズ」に見えるのです。

最近では、普通のロードを走るマラソン大会では飽き足らず、「八ヶ岳を24時間走り抜くトレイルランニングレースに出場しよう」「富士山麓を一昼夜走り抜くトレイルランニングレースに出よう」「サハラ砂漠を1週間走る大会を完走しよう」「過酷の極みは、やっぱり南極だ。南極で開催されるトライアスロンレースに出よう」などと、どんどんエスカレートしています。

ただ、だからといって決して楽観的に物事を考えているわけではないのです。「何とかなるさ」で始めて、「なるようになるさ」で行動したりはしません。右脳では「必ず成功できる」というイメージを持ちながら、左脳では徹底的に問題点を発見し、分析し、そして詰めていくのです。この「詰める力」がすごいのです。

これは、非常に優秀な経営者の中にゴルフのシングルプレーヤーが多いことからもわかります。シングルの腕前になるには、まず自分に合ったフォームの習得や練習の仕方に関して最適かつ効率的な方法を選ばなければいけません。そして、自分の身体をきちんと鍛え、18ホールをどのように回るかという戦略を立て、自分に最も合うゴルフ道具を選び……と、常にハイレベルを維持しなければいけません。つまり、ありとあらゆることを異常なほど真剣に追求しているわけです。

この「詰める力」と同様に感じるのが、彼らの「のめり込む力」です。シングルプレーヤーである経営者と一緒にゴルフのラウンドをすればすぐにわかりますが、彼らは恐ろしいほどにプレーに真剣です。1打1打に注ぐ集中力が尋常ではありません。まるで獲物を狙うハンターのようで、傍から見ていて怖いくらいなのです。ラウンドを終えた後は、非常ににこやかで楽しくコミュニケーションを取っているので、そのギャップに再度驚かされます。

つまり、「やるべきときは本気でのめり込む」という能力の高さが、ビジネスで優秀な成績につながっているのです。

これは、逆も真なりと言えます。例えば、ゴルフで大活躍している松山英樹選手や宮里藍選手が、もしビジネスパーソンになっても、仕事にのめり込めば活躍すること間違いなしです。

さて、ここまで聞けば「自分もゴルフなら一生懸命やっている」「自分はゴルフではないけれどテニスは一生懸命やっている」と思う人もいると思います。ただ、ここでお伝えしたいのは、「本気」と「一生懸命」は違うということです。一見似たような言葉なのですが、まったく違う。天と地ほどの差があります。

この「一生懸命」と「本気」の差が、№1になる人とそれ以外の人の差なのです。

実は、「一生懸命」やれば、そこそこの成功を収めることが可能です。けれども、そこにとどまっても満足できないという人は、「本気」になる必要がある。

勝ちグセ脳をつくるということは、「一生懸命」を通り越して「本気」になる脳をつくるということなのです。

脳のスイッチを上手に使えば、苦を楽に切り換えられる

では、いったいどうすれば、真のプラス思考とも呼ぶべき「苦楽力」を身につけられるのでしょうか？　たとえワクワクできないような苦しい状況が訪れても、左脳の「危機管理能力」と右脳の「イメージ脳力」をフル稼働して「どんなことがあっても成功するんだ」と常に考えられるようになるのでしょうか？

そのカギを握っているのが、脳の中にある「扁桃核」という部分です。ここのスイッチを切り換えることが非常に重要なのです。

扁桃核は、「感情脳」と呼ばれる大脳辺縁系にある神経組織です。大きさはわずか

1・5㎝ほどに過ぎませんが、この小さな扁桃核が「快・不快」の判断をしているのです。

「快」とは、好き、幸せ、楽しい、気持ちいい、うれしいなどです。一方、「不快」とは、嫌い、むかつく、退屈、気持ち悪い、悲しいなどです。

ある情報が五感を通して入ってくると、その情報に対して扁桃核が「快・不快」の判断をします。その「快・不快」の判断に対して思考や言動が変化するのです。

どういうことか?

例えば、あなたがヘビを見て「うわ、気持ち悪い」と思ったとします。これは視覚によってもたらされた「不快」の感覚情報です。すると、扁桃核はその情報を「不快」と判断します。そして、「不快」に反応する神経細胞に「不快な情報が入ったぞ」と伝達します。そうなると、思考はただちに「うわ、イヤだな。あっちに近づきたくないな」などと反応します。さらに、それが「こっち来るなよ、あっちいけ」などと言葉にもなります。

わかりやすくヘビで例えましたが、ビジネスの場面に置き換えるとどうなるでしょうか？

地域No.１や業界No.１を目指して仕事をしているあなたに、「新規顧客がなかなか見つからない」「頑張っているのに売上げが伸びない」などのつらい状況が訪れます。例えば、レジの中にわずかな残金しか残らない様子を見て「もうやってられない」と思ったとします。これは視覚によってもたらされた「不快」の感覚情報です。すると、扁桃核はその情報を「不快」と判断します。そして、「不快」に反応する神経細胞に「不快な情報が入ったぞ」と伝達します。そうなると、思考はただちに「No.１なんてしょせん無理なんだ」などと反応します。さらに、それが「もう店をたたもう。無理だったんだよ」などと言葉にもなります。

そのプロセスは、ヘビの場合とまったく同じです。

No.１を目指す上で、このようなつらい状況は、誰の身にも必ず起きます。ただし、そこで「つらい」と感じてしまえば、成功はできません。

扁桃核が「快・不快」を判断している

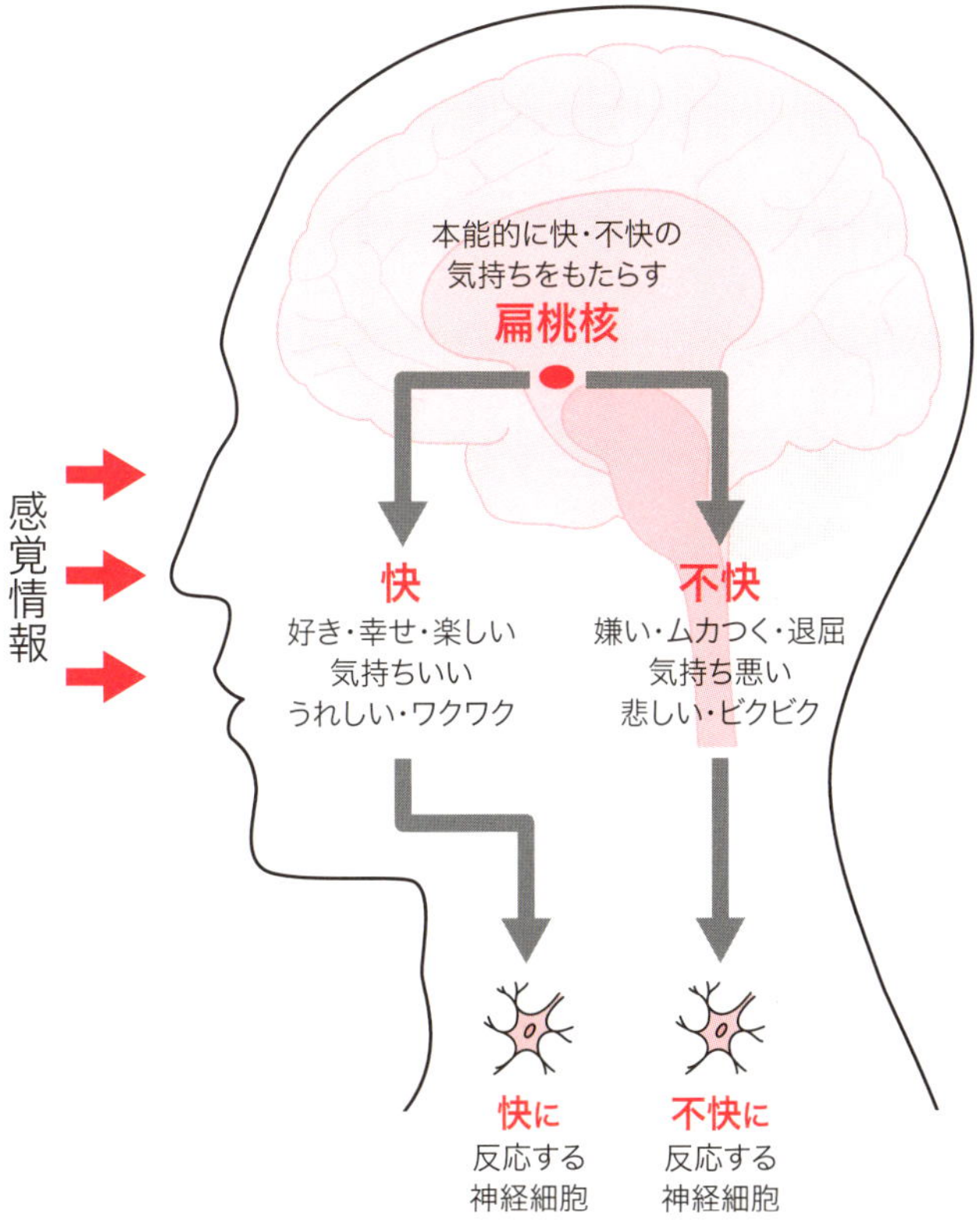

けれども、どんな「不快」な情報を受け取っても、「快」であると判断するようになれたらどうでしょうか？

実は、トレーニングによってそれが可能になるのです。扁桃核のスイッチが「快・不快」のどちらかに入るのではなく、常に「快」に入るようにできるのです。

扁桃核を裁判に例えるならば、常に私たちに都合よく「快」と判断してくれる、いつでも味方のような裁判官のイメージです。そして、このように、扁桃核が常に「快」と判断する力こそが「苦楽力」なのです。

脳のルールを理解すれば、仕事の不快も快に換えられる

では、いったいどうすれば「不快」な情報を「快」に換えることができるのでしょうか？

脳というものは、「入力」と「出力」でプログラミングされています。

「入力」とは、見たり聞いたりした経験、イメージしたこと、思ったことすべてです。

一方、「出力」とは、自分の行動や口にする言葉などのすべてです。

まず始めに知っておいてもらいたいのは、次のことです。

・成功者は脳に「肯定的」な入出力をしている
・普通人は脳に「否定的」な入出力をしている

つまり、プラスの言葉、動作、表情、イメージを使い、脳に「肯定的」な入出力を行えば、我々は誰でも成功者になれるわけです。

では、脳はこれらの「入力」と「出力」を通常どのように取り扱っているのでしょうか？　そこにはいくつかのルールがあるのです。これを私たちは「脳ルール」と呼んでいます。

脳ルール1　**脳は過去に入力された記憶データに基づいて、扁桃核が「快・不快」を判断し、否定的になったり肯定的になったりする**

例えば、「この手の仕事はあまりうまくいかなかった」「こういうタイプのお客さんは苦手なんだよな」といったマイナスの記憶データがあると、その記憶データをもとにして扁桃核が「不快」になり、マイナス思考になってしまいます。

脳ルール2 言葉や動作などの「出力」は、そのまま脳に再入力されて扁桃核の判断をますます強化する

例えば、「こういうタイプのお客さんは苦手なんだよな」といったマイナス感情を持ったときに、「まいったな。こういうタイプのお客さんは苦手なんだよな」と言葉にしたり、しかめっ面に腕組みをしてウンウンうなるような苦手感満載のポーズをしたりすると、言葉や動作による「出力」がもう一度脳に「入力」されてしまいます。

つまり、苦手意識の上塗りによって、ますます苦手になります。

脳ルール3 脳は現実とイメージを区別できない

レモンを食べたことのある人がレモンを食べるイメージをすると、食べたときと同じように唾液が出ます。これは、脳が現実とイメージを区別できない証拠です。ＭＲＩ検査により、「実際にレモンを食べたとき」と「レモンを食べていることを想像しているとき」で脳の同じ部分が活性化されていることが明らかになっています。

つまり、脳は「入力」だけでなく、「出力」とワンセットで、「快・不快」を感じるサイクルを回しているのです。こういった「脳ルール」を知ると、「入力」だけでなく、「出力」がいかに重要かがわかっていただけると思います。

人間の脳は、いくらでも自分に都合よくなるクセがあります。つまり、ラクをしたがるわけですね。ですから、自分の脳に問いかけて（入力）、それに応える（出力）という入出力のサイクルを繰り返して強化することが必要です。これを何度も繰り返すことで、「勝ちグセ脳」のための太い回路をつくるのです。

ここで、２つ問題を出します。

「プラス思考になるには、プラスのことを考えればいいんだろう」と思っている人は、なぜ成功できないのか、その理由がわかりますか？

「プラスのことを考える」の「考える」は、「入力」にあたります。けれども、ただ考えているだけで、言葉や動作といった「出力」を伴わなければ、サイクルにはなっていないので、脳の感じる「快・不快」に影響を与えられないのです。

せっかくプラス思考を「入力」したのに、裁判官役の扁桃核がそれを「ふ〜ん」と軽く受け流してしまったような状態です。

では、もう1つ問題です。

「プラス思考になるには、プラスのことを考えればいいんだろう」と思っている人が、日常で「とはいえ現実は厳しいよな」などといったマイナス言葉を吐いているとしたらどうなると思いますか？

これは非常に重要なポイントです。

「入力」と「出力」、どちらのほうが強いのかということが関係してきます。実は、「入力」よりも「出力」のほうが、脳の「快・不快」に大きな影響力を持っているのです。裁判官役の扁桃核は常に『入力』よりも『出力』をあなたの真実として扱う」と言っているわけです。

つまり、「プラスのことを考えている（入力）が、マイナス言葉を吐いている（出力）」人の場合、脳は「不快」と感じるので、残念ながら成功できないのです。

では、これらの「脳ルール」を踏まえて、私たちはどのように「不快」な情報を「快」に換えればよいのでしょうか？

「脳は、思ったことよりも、言葉や動作を信用する」

知っておくべき大前提は、この一文に尽きます。このことを覚えておけば、どんなときでも、あなたが意図的に「不快」な情報を「快」に換えることができるのです。

マイナスの言葉や動作・表情は、瞬時に全身に伝わってしまう

言葉を発する際、人間の脳ではどんなことが起きているのでしょうか？　そのメカニズムを少し説明しておきます。

脳は「知性脳―感情脳―反射脳」という3層構造になっているというお話はしました。

自分が吐いた言葉は、「入力情報」となって、脳内で伝達されます。その情報は、まず「知性脳」の中で移動を開始します。言語中枢のある左脳から、脳梁と呼ばれる部分を通り、右脳でイメージを発生させます。このイメージの素材になるのが、過去の記憶データです。

右脳で発生したイメージは、次に「感情脳」の扁桃核に伝達されます。そして、こ

のイメージをもとに、裁判官である扁桃核が「快・不快」の判断をしているわけです。

「快・不快」の判断が今度は「反射脳」に伝えられ、3つの脳が瞬時に身体に影響を及ぼすのです。


これを、具体的な例を挙げて見ていきましょう。

もしもあなたが「もうダメだ」というマイナス言葉を発したとします。すると、あなたが過去に「もうダメだ」という言葉を発していたときの記憶データを検索します。そして、そのときのマイナスのイメージ・感情を瞬時に引き出し、イメージを発生させます。そのイメージを受け取った扁桃核は「思いっきり不快」と判断し、「反射脳」に伝えます。それを受け取った「反射脳」が、「もう無理って感じの反応をしようぜ」と身体中に伝えるわけです。一気に身体が疲れてくる、頭が回らなくなってくる、寒気がする、吐き気がする、足が動かなくなる……その状況に最適な「無理、絶対無理」という身体ができ上がってしまうのです。身体が明確に「無理」と告げているのに、成功するはずはありませんよね。

マイナス言葉を発すると
絶対無理な体になる

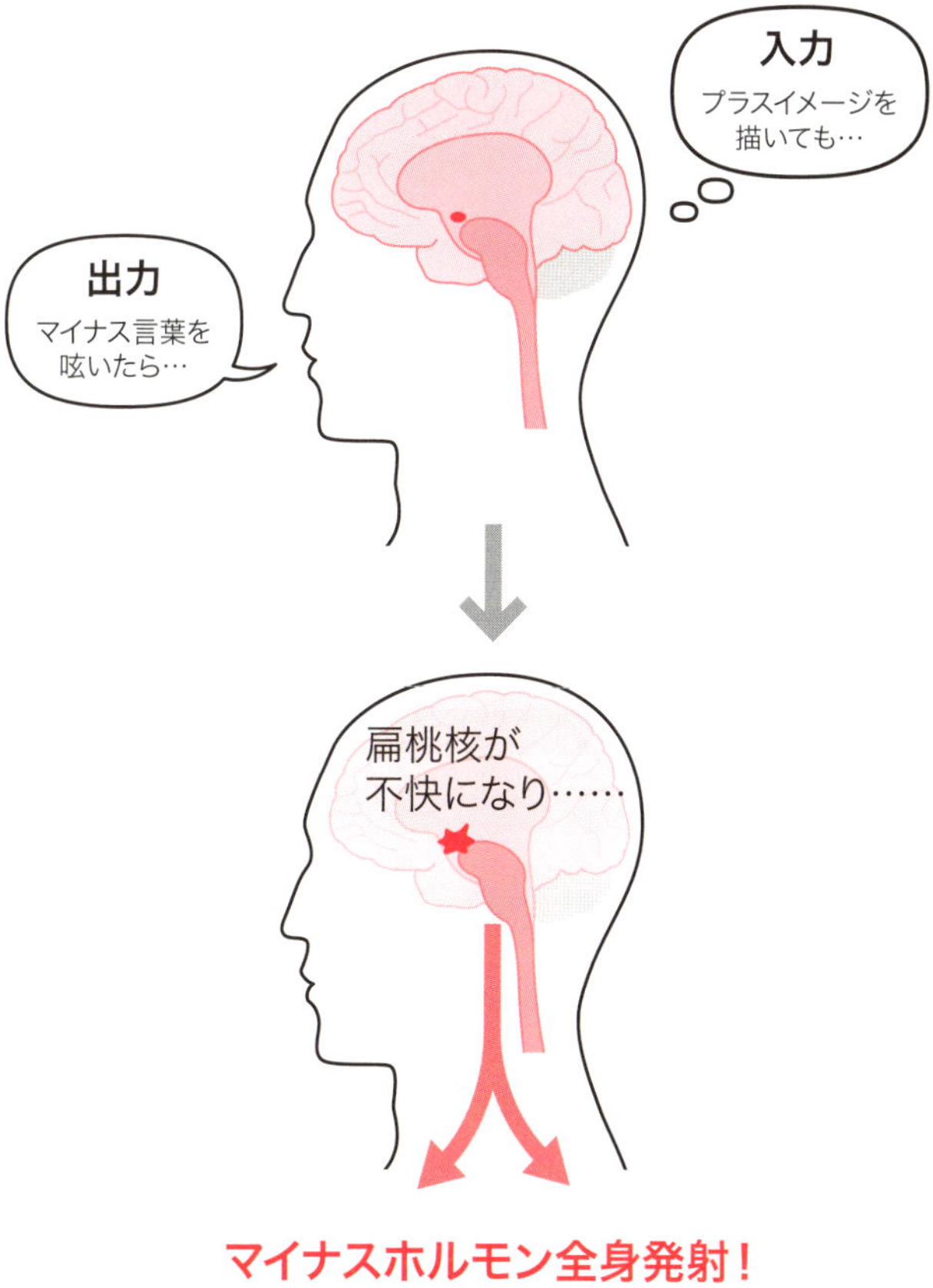
入力
プラスイメージを
描いても…
出力
マイナス言葉を
呟いたら…
扁桃核が
不快になり……
マイナスホルモン全身発射！

ちなみにマイナス言葉が身体に影響するまでの時間は、何日、何年といった長いスパンではありません。ほんのコンマ何秒の世界です。

マラソンなど、エンデュランス（耐久性）系のスポーツをしている人などは、とくにわかるでしょう。苦しくなってきたときに「もうダメだ」と弱音を吐いた瞬間、足がたちまち動かなくなる……そんな体験をしたことがあるはずです。

言葉という「出力」が、どれほど身体に影響を与えるか、つまり成否のカギを握っているかはよくおわかりいただけたと思います。

では、動作をしたり、表情をつくる際、人間の脳ではどんなことが起きているのでしょうか？　言葉を発する際とは少し違うのですが、身体に与える影響は言葉と同じくとても大きいことをぜひ頭に入れておいてください。

自分の動作や表情は、「知性脳」を経由せずに、ダイレクトに「感情脳」に伝達されます。

具体的には、動作は「感情脳」の中の小脳という部分に届きます。ここには「あ、そういう動作をするときは『快』ですよ。逆にこういう動作をするときは『不快』ですよ」といった形で、過去の動作データが整理・蓄積されています。

そして、表情は「感情脳」の中の大脳基底核という部分に届きます。ここには「そういう表情をするときは『快』ですよ。そういう表情をするときは『不快』ですよ」といった形で、過去の動作データが整理・蓄積されているわけです。

さらに、小脳からの動作情報と大脳基底核からの表情情報は、すぐ近くにある扁桃核に伝達されるのです。

ここでも具体的な例を挙げて見てみましょう。もしもあなたが「もうダメだ」と首をうなだれ、眉間にしわを寄せたマイナス動作・マイナス表情を行ったとします。すると、小脳と大脳基底核が、あなたが過去に「もうダメだ」という動作・表情をしていたときの記憶データを検索し、扁桃核に届けます。そのイメージを受け取った扁桃核は「思いっきり不快」と判断し、「反射脳」に伝えます。それを受け取った「反射脳」が、「もっともっと無理って感じの反応をしようぜ」と身体中に伝えるわけです。そして**「無理、絶対無理」という身体が一気にでき上がってしまう**のです。

プラスの言葉や動作・表情を使って、3秒でマイナス感情から抜け出す

マイナスの状況が起これば、人はマイナスの感情になります。苦しいことがあれば、苦しいと感じます。そんな状況でも常にプラスの感情でいるためには、扁桃核のスイッチをいつでも「快」にすることがカギになると説明してきました。

では、いよいよ本章の核心に迫ります。いったいどうすれば扁桃核のスイッチを常に「快」にできるのでしょうか？　どうすれば、苦しいことがあっても、楽しいと感じられるようになるのでしょうか？

「プラス言葉、プラス動作・表情」を使うのです。

では、「今日からマイナス言葉もマイナス動作・表情も一切禁止」として実行することは可能でしょうか？　これは非常に難しいです。私たち人間は、普通に毎日を過ごしていれば自然とマイナス思考になってしまう生き物です。今までマイナス言葉ばかり口にしてきた人がいきなり一切禁止を守ろうとすると、大きなストレスがたまってしまい、むしろ逆効果なのです。

では、どうするか？

まず、１つめは「マイナス言葉の言い換え」「マイナス動作・表情のやり換え」を行うことです。

今まであなたがよく口にしてきたマイナス言葉をピックアップしてみます。これをすべてプラス言葉に言い換えてみるのです。例えば「残業」という言葉を「成長時間」と名づけてみます。そして、「残業がつらい」というマイナス言葉を「たくさんの成長時間があってうれしい」などと言い換えてみます。

同じように、あなたがよく行ってきたマイナス動作・表情をピックアップしてみます。例えば、新しい仕事を言い渡された際、「はい」と言った後に必ず「はあ」とため息をついていたとします。それならば、「はい」と言った後、両拳を天に突き上げるポーズを取るといった具合です。

マイナス言葉の言い換え、マイナス動作・表情のやり換えは次ページの練習コーナーで実際にやってみてください。

2つめは、この「マイナス言葉の言い換え」「マイナス動作・表情のやり換え」を3秒で行うクセをつけることです。

マイナス言葉をつい口にしてしまったり、マイナス動作・表情をしてしまうことはあります。例えば、「いったいいつになったら目標に到達するんだろう」と口にし、がっくりと肩を落として眉間にしわを寄せてしまった。それをやってしまうのは仕方のないことです。

けれども、そこで瞬時に切り換えます。例えば、「目標までの道のりは長いほうが

自分を知る練習コーナー③

あなたのマイナスをプラスに換えましょう！

まず、あなたが普段使っているマイナス言葉を書き出してみます。そして、それぞれをプラス言葉に置き換えてみてください。さらに、普段やっているマイナス動作とマイナス表情を書き出してみて、それもプラス動作、プラス表情に置き換えてみます。普段からこの切り換えを3秒以内でできるように心がけてみてください。

マイナスの言葉	プラスの言葉
▶▶▶	
▶▶▶	
▶▶▶	
▶▶▶	
▶▶▶	

マイナスの動作・表情	プラスの動作・表情
▶▶▶	
▶▶▶	
▶▶▶	
▶▶▶	
▶▶▶	

いい。そのほうがストーリー性があっていい」と言い直して、笑顔ではるか先を指さす――。そういったことを瞬時に行って、脳への「入力」を即座に書き換えていくのです。

この瞬時の書き換えのことを、私たちは「3秒ルール」と呼んでいます。

すると、脳は後に口にしたこと、後に行った動作や表情を信じるので、扁桃核は「快」と判断してくれます。

「マイナス言葉の言い換え」「マイナス動作・表情のやり換え」を常に3秒以内に行えるようになれば、どんな状況でも扁桃核のスイッチをすぐに「快」にし、プラス感情をキープできます。

勝ちグセ脳ワーク 2

No.1ポーズと信念の言葉で「苦楽力」を強化する

人差し指を突き出し、天を指さすポーズ。これが「No.1ポーズ」です。

2008年の北京オリンピックで女子ソフトボールチームが金メダルを取った瞬間、マウンド上の上野由岐子投手のもとにチームメイトが駆け寄り、全員が腕を天高く突き上げ、「No.1ポーズ」を取った光景を覚えている人も多いと思います。

けれども、あの「No.1ポーズ」のシーンは、偶然そうなったのではありません。北京オリンピックで女子ソフトボールチームの金メダル獲得を、私たちはサポートしてきました。もともと私たちは、脳のプラス感情を引き出すのに最適なポーズとして、この「No.1ポーズ」を長年使い続けてきましたが、これを女子ソフトボールチームにも導入し、彼女たちと私たちの間で「優勝を引き寄せるためのポーズ」と決めたのです。つまり、このポーズを取れば、どんなつらい練習の中でも、どんなピンチの場面でも、彼女たちのプラス感情が引き出される——つまり、「苦楽力＝苦しい状況を楽しめる力」を鍛える仕組みを彼女たちと一緒につくり上げていったわけです。

また、この章では「出力には言葉と行動の２つがある」というお話をしてきました。「No.１ポーズ」は行動にあたりますが、ここに「信念の言葉」を組み合わせると、「苦楽力」をさらに鍛えることができるのです。あなたが立てた夢目標を実現する過程で、苦しい状況はきっと訪れるはずです。そのときに、「No.１ポーズと信念の言葉」によって、むしろその状況を楽しめるようになるのです。

では、実際にどうすればいいのでしょうか？　詳しく解説します。

①まず、信念の言葉をつくりましょう。

「信念の言葉」とは、あなたが夢目標を達成する上でのスローガンのようなもの。「口に出すだけで『よし、やってやるぜ！』という気持ちになれる、あなたのスイッチを切り換えてくれる言葉」ととらえてください。

例えば「進化」「飛翔」「歓喜」「つなぐ」「総力結集」など、進んだり、羽ばたいたり、力が集まるイメージのものもいいでしょう。また、自分で造語をつくるのも非常に大きな効果があります。なぜなら、その言葉は、唯一無二の、あなただけの言葉となるからです。例えば「超戦（ちょうせん）」「常笑（じょうしょう）」「芽夢謝楽（がむしゃら）」など、自分にぴったりのものを考えてみるのも非常におすすめです。

②次に、あなたにぴったりのNo.1ポーズを探しましょう。

人差し指で天を指さすポーズが「No.1ポーズ」なのですが、もしも「自分にはもっと気分が上がるポーズがある」という人は、もちろんそのポーズを「No.1ポーズ」と決めてかまいません。例えば、「右手を心臓の位置に持っていくポーズがいいな」と思ったら、それもいいでしょう。「両拳をギュッと握りしめると気合いが入るな」と感じたら、それもいいでしょう。これからずっと、何度も取るポーズですから、あなたの気持ちにしっくりきて、しかも取りやすいものを1つ探してください。

③プラスの出来事があったときに、No.1ポーズを取りましょう。

「信念の言葉」と「No.1ポーズ」を決めたら、さっそく行動に落とし込んでいきます。

ただし、行動への落とし込みは2段階に分かれます。まず最初は「プラスの出来事があったときに、No.1ポーズを取る」という習慣をつけます。仕事の業績が伸びた、食事がおいしかった、いいタイミングで電車やバスが来た……。出来事の大小は関係ありません。少しでも感情がプラスになったと思ったら、No.1ポーズを取りましょう。1日にとてもたくさんのプラス感情があるという人は、とくに大きなプラス感情が生まれたときに行います。

しっかりとしたポーズをつくるのが難しい場合は、省略形でほんの少し指を立てるだけでもかまいません。大事なのは、少しでも感情がプラスに振れたら即座にNo.1ポーズを取るということなのです。なぜなら、「プラス感情になる→No.1ポーズを取る」ということを即座に行っていると、やがて脳の中では「プラス感情になる＝No.1ポーズを取る」と認識されるようになり、最後には逆転して「No.1ポーズを取る→プラス感情になる」という回路ができ上がるからです。

No.1ポーズ シート

信念の言葉

No.1
ポーズ

●なぜ、そのNo.1ポーズに決めたのですか？

④信念の言葉を口にしながら、№１ポーズを取りましょう。

１週間ほど毎日③のプロセスを行って「№１ポーズを取る→プラス感情になる」という回路ができ上がってきたら、次はいよいよ「№１ポーズ」と「信念の言葉」を組み合わせます。ビジネスで№１を目指すあなたにとって、毎日の中で節目となる場面がいくつかあると思います。自宅を出るとき、会社に入るとき、部下に朝の訓示を述べる直前、取引先と会う直前、プレゼンの直前……。そういったときに、例えば「超戦（ちょうせん）」という信念の言葉を選んだとしたら、「№１ポーズ」を取りながら「超戦（ちょうせん）」と口にするのです。

信念の言葉と№１ポーズは、前ページのようなシートに書き込んで、いつも目にするようにしておくと、さらに強化されていきます。

こうして、日々のあらゆる場面で行うことにより、たとえ苦しい場面が訪れたとしても、それを苦しいと思わない「勝ちグセ脳」ができ上がってくるのです。

chapter

4

「他喜力」で「勝ちグセ脳」を極める!

「他喜力《たきりょく》」とは、他の人を喜ばせる力のことである。

大成功するためには、「他喜力」は絶対に欠かせない

真のNo.1に到達するためには、「成信力」「苦楽力」の他にもう1つ大きな力が必要です。それが、第三脳力の「他喜力」です。

「他喜力」とは、文字通り「他の人を喜ばせる力」のことです。

この言葉を聞くと、「なんだ、そんなあたりまえのことですかあ。要するに顧客満足や従業員満足のことですよね、いつも考えていますよ」と思う人がいるかもしれません。

そして、「第三脳力」などという表現から想像して、「『成信力』『苦楽力』に続いて、3番目に大事なのが『他喜力』なんですね」と感じる人もいるかもしれません。しかし「他喜力」はもっともっと奥深いのです。

他の人を喜ばせる――。

たしかに誰もがよく知っている、あたりまえのことです。しかし、ここにこそビジネスで成功する本質があります。

脳科学的に見れば、ビジネスとは、商品、サービス、店、会社、さらには自分という人間に対して、お客さんの脳、ユーザーの脳、消費者の脳、取引先の脳をいかに「快」にするかの競争だと言えます。脳を「快」にさえできれば、自然と心も財布も開くものです。これが、ビジネスの本質です。

では、相手の脳を「快」にするにはどうするか。まさに、相手を「喜ばせる」ということになります。

「利益より先に人を喜ばせることを考える」「お客さんを喜ばせ続ける」「より大きな社会貢献を追求する」……、このように相手を「喜ばそう」とすれば、イヤでも相手のことを考えます。どうしたら喜ぶかを追求するエネルギーがわいてきます。なぜなら**人間は、人を喜ばせると自分もうれしくなる生き物**だからです。

成功の大きさは、どれだけ人を喜ばすことができるかにほかなりません。あなたが喜ばせたい人、つまりあなたにとって大切な人の数は、「あなたのことを大切に思ってくれている人」の数です。その数が、あなたの人生の成功度、また幸福度の指標になります。その理由は、人間という社会的動物は、**自分以外の人との出会いによってしか成長しない**からです。また**自分以外の人と一緒でなければ、心からの幸せは感じられない**からです。

あなたが大切に思う人、喜ばせたい人が増えるたびに、あなたの幸せになる力、成功する力も確実に大きくなるのです。ですから「他喜力」は、ビジネスを大成功させる上で非常に大事な力であり、また素晴らしい人間として評価され、多くの人から愛されるために絶対に必要な力なのです。

「いつもお客さんに快適な気分になってもらいたくてオフィスをすみずみまで掃除する」「今日会った人に感謝の気持ちを伝えるため、香りのいいハガキに手書きでしたためて、お礼状を出す」「今夜忙しい時間をやりくりしてやって来る友人のために、地元のおいしいものを食べてもらえるお店を予約する」「大切な相手に喜んでもらいたくて、サプライズの誕生日パーティーを開催する」……こうしたことは、決して売上げを伸ばすためのハウツーではなく、お客様に喜んでもらいたい、喜んでもらうのがうれしいという気持ちから生まれてくるものです。

ところが、この「他喜力」を１００％使い切って毎日仕事をしています、と自信を持って言える経営者やビジネスマンが、果たして今どれくらいいるでしょうか？　お客様、お取引先、上司、部下、仲間……、あなたは大切な人を喜ばせていますか？　残念ながら、１００％本気でまわりを喜ばせている人はほとんどいないと思います。

人は「自分を喜ばすこと（自喜）」に目がいって、「他喜」と真摯に向き合うことを忘れてしまいがちです。

そして、「他喜力」を１００％使い切って毎日仕事をし、大成功を収めつつある人ほど、決して「ＹＥＳ」とは言いません。なぜなら、どんなにやり切っても「他喜」には限界がないことを、彼らは知っているからです。

super brain training

喜びは自喜と他喜の2つに大きく区別することができる

私たちの脳が感じる喜びを観察すると、喜びは2つに区別できることがわかります。
その2つとは、**自分自身を喜ばせる「自喜」**と**自分以外を喜ばせる「他喜」**です。

まず、「自喜」から解説していきましょう。

「自喜」は、さらに大きく2つに分けることができます。1つは**「自分以外の人に喜ばせてもらう喜び」**、もう1つは**「自分を喜ばせる喜び」**です。

例えば「欲しいプレゼントを買ってもらった」「仕事を手伝ってもらえた」など、人から何かをしてもらえたときはうれしいですよね。これが前者の、自分以外の人が自分に対して与えてくれる喜びです。

一方、「大会で優勝してうれしかった」「第一志望に合格できてうれしかった」「会社が成功してお金持ちになれてうれしかった」などは、自分を喜ばせる喜びです。けれども「自喜」というのは、自我の欲求を満たす行為に過ぎません。人間というのは、自我の欲求が満たされ続けると飽きるのです。「もうこれでいいや」となってしまう。つまり、ある程度のところで立ち止まってしまう「限界のある幸せ」です。

次に「他喜」について考えてみましょう。

私はこれまでに多くの一流経営者に会ってきましたが、その方々に共通しているのは、みな一様に「マザコン」であることです。「えっ、マザコンですか?」と思う読者もいるでしょうが、実はこのマザコンこそが「他喜」の好例です。

母親が、お腹を痛めて自分を生んでくれたからこそ、今の自分がある。「その母親に感謝したい」「母親が喜ぶ顔を見たい」「母のために何ができるだろうか?」「自分が何を頑張れば母は喜んでくれるだろうか?」……とあれこれ思いを巡らせながら毎日を生きているわけです。母親を喜ばすのに「これでいい。これで十分」という限界など存在しません。母親に喜んでもらうためのおもてなしを、母親以外の多くの人たちにもしていく。それが、「他喜」なのです。

自分のことばかり考えるのではなく、生んでくれた母親に本気で感謝し、真剣に恩返しを考えれば、やらなくてはならないことはたくさんあるはずです。それがモチベーションとなり、夢となるのです。

ですから、**「自喜」とは違い、「他喜」には限界がありません。**「あの人を喜ばせることができた。あの人にもっと喜んでもらおう」と、いつでも自分に問いかけて行動することで、脳は強化されていきます。また、「あの人を喜ばせることができた。次はあの人も喜ばせたい」と、より多くの喜びを与えることもできます。「自喜」だけを追求すれば歩みが止まってしまいますが、こちらにはゴールがないのです。

「他喜」も、「自喜」同様、2つに大別できます。1つは**「他人を喜ばせて感謝される喜び」**、もう1つは**「他人を喜ばせて、その姿を見てただ『うれしい』と実感する喜び」**です。

前者は「仕事を手伝ったら『ありがとう』と言われた」「電車で席を譲ったら『ありがとう』と感謝された」といった具合です。人から「ありがとう」と言われる喜びは、非常に大きなものです。「ありがとう」というひと言を聞きたい――その思いがあれば、「逆境」を乗り越えることも、「成功」のその先に行くこともできます。それほど強いものなのです。

ただ、「他人を喜ばせて感謝される喜び」には、弱点があります。それは「感謝の量が足りないと不満を感じるようになる」という点です。

例えば、「あの人に喜んでもらいたくてこれほど一生懸命準備したのに、自分が想像していたほど感謝されなかった」と思うと、気分が沈んでしまうのです。

つまり、「他喜」ではあるけれども、自分へのリターンを期待しているというところが「自喜」に近いのです。

実際、「なんだよ。もっと喜べよ、もっと感謝しろよ」と不満を感じているとしたら、それは「自喜」に類似しています。「自分が相手にしてあげたことに、相手が喜ぶべ

喜びは大きく2つに分けられる

自喜

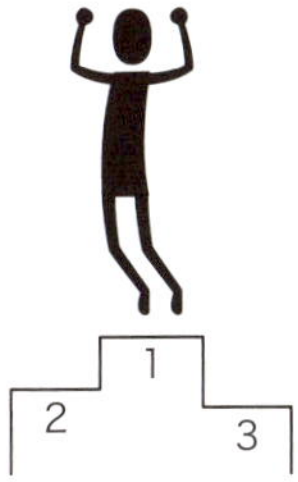

自分を喜ばせる喜び

自分以外の人に
喜ばせてもらう喜び

他喜

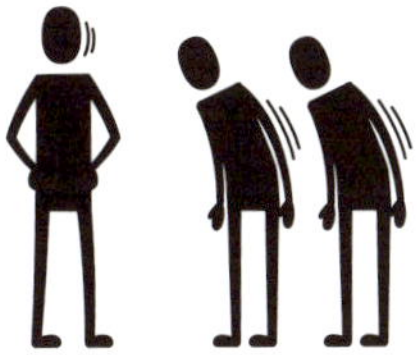

他人を喜ばせて
お礼を言ってもらえる喜び

他人を喜ばせて
喜んでもらえる喜び

きだ」という一方思考で物事を見ると、どうしても自己中心的になってしまうのです。

これに対して、「他人を喜ばせて、その姿を見てただ『うれしい』と実感する喜び」はどうでしょうか？　「自分の提供した商品・サービスでお客さんがこんなに喜んでくださっている。本当に良かった」「自分が企画したイベントでみんながこんなに笑顔になっている。ああ、良かった」……など、自分への見返りを求めずに「ああ、こんなに喜んでくださった。良かった」と思える状態です。

「無上意」という仏教用語があります。「これ以上ない行為」という意味の言葉ですが、見返りを求めずに自分以外の人間の喜びを追求することは、まさに無上意だと言えるでしょう。

super brain training

「成信力」と「苦楽力」だけでは、大きな壁は越えられない

成功を思えるから、成功する。成功を思えないから、成功しない。

成功者とそうでない人との違いは、たったこれだけです。そして、その成功を信じてワクワクできる力こそが、第一脳力の「成信力」でした。

けれども、第一脳力の「成信力」を手に入れたからといって、それだけでは成功者にはなれない。なぜなら、その道のりでは必ずワクワクできない苦しいことが現れるからです。その状況を苦しいと思わずに楽しいと思えて、乗り切っていける力こそが、第二脳力の「苦楽力」でした。

しかし、**No.1に到達するためには、この2つに加えて最後にもう1つ力が必要です。**

それが、ここまで説明してきた第三脳力の「他喜力」です。

なぜなら、真の成功に至る道のりにおいては、「苦楽力」を持ってしても越えられないほどの「逆境」に追い込まれることがあるからです。

では、「逆境」とは具体的にどのようなレベルを指すのでしょうか?

まず、私たちが経験した東日本大震災や阪神淡路大震災などの天災が思い起こされます。あるいは過失による出火、不慮の事故などが起こるリスクもあります。そして、それまでに築いてきたものすべてを一瞬にして失ってしまう可能性だってあります。また、２００９年に起きたリーマン・ショックのような世界恐慌も挙げられます。それまでにすぐれた業績を上げ、成功の道のりを歩いてきたにもかかわらず、すべてを手放さなければならなくなることもあります。海外進出をしている企業などは、政変やテロなどのリスクとも隣合わせです。

私たちの身の回りには、絶えずそのような逆境が訪れる可能性があります。

例えば、売掛金の回収。大口の取引先の突然の倒産により売掛金未回収となってしまい、黒字にもかかわらず倒産してしまったとしたらどうでしょうか？

商品・サービスの研究開発などではどうでしょうか？　何年もかけて開発した商品・サービスがいよいよ市場に出るという直前、偶然にもまったく同じ商品・サービスが他社からリリースされたことを知ったとしたら、どんなショックを受けるでしょうか？

財産を失う、信用や信頼を失う、そして愛する人を失う……。

積み重ね、築いた幸福。それを「逆境」は、あらぬ方向からある日突然やって来て根こそぎ奪っていく可能性があるのです。

ここで心が折れてしまい、再び立ち上がるのをやめてしまう人もいるでしょう。

けれども、ビジネスの世界で№1と誰からも認められる人物は、例外なくこの「逆境」を乗り越えてきた経験を持っています。

陸上競技のハードルが「障害」になるのは、それを飛ぼうとするからです。同様に大きな困難が生じて苦しむのは、何かに挑戦したからです。

未来に向かって行動する者にとって、「今」はいつも逆境だということです。なぜなら「未来の自分」に比べれば、「今の自分」は必ず力不足です。力不足を思い知るのは、未来へ進もうとしている証拠です。次のステージに行こうとすれば、力不足は当然なのです。

どんな大成功者も、最初はみんな「力不足」でした。自分の力不足を認める人間が、それを補うために努力できるのです。

では、なぜ彼らはそれが可能だったのでしょうか？　それは「逆境」を力に変えてきたからです。ものすごく大きな「苦しみ」を克服したからこそ大成功者になっているのです。

では、どうやって「逆境」を力に変えられたのでしょうか？

それこそが、第三脳力である「他喜力」なのです。

逆に、「他喜力」の弱い人というのは、ショックを受けたり、逆境に立ったりすると、思考停止状態に陥ってしまいます。とくに否定形の思考は、そこで頑として止まったまま前へ進めません。

なぜか？

自分のために頑張る人の脳は、自己防衛本能が強く働いているからです。そのため、進むのをやめた理由を、自分以外のところから探そうとします。そうやって、自己を正当化しようとするのです。

「予想外のことが起こったんだから、自分が沈んでしまうのは仕方ないじゃないか」
「こんなに苦しい状況なのは自分が悪いからじゃない。すべて周りの人間のせいだ」
「今まですべてを犠牲にしてこの栄冠をつかんだ。これ以上何を頑張れと言うのか」

心の中でそんなふうにつぶやいて、脳の働きにブレーキをかけてしまうのです。

苦しい状況を、他人や環境の責任にすることを「他責」と呼びます。他責になると、人はマイナス感情に陥ってしまい、不平や不満を言うようになり、最後にはあきらめてしまうのです。

だから、「逆境」を乗り越えることも、「成功」のその先に行くこともできなくなります。

つまり、「自喜」には限界があるのです。それに、自分だけを幸せにする、競争に打ち克って念じたものを手に入れる、といった自我の欲求を満たすだけではいずれ飽きてしまいます。

あなたは自分の想像を上回る事態に直面したときに、果たしてそれを受け入れ、それでも前に進むことができるでしょうか?

自分が折れそうになったときに支えてくれるのは、「自分のため」という思いではなく、「誰かのため」という思いなのです。自分だけのために闘うより、「自分のため＋誰かのため」に闘うほうが、ずっと大きな、真のエネルギーがわいてくるのです。

super brain training

人の脳は成功を感じた時点で、燃え尽きたがる傾向にある

ここまで読んで、「もしも『逆境』に陥ることがなければ、第三の脳力である『他喜力』は、現状持っているもので十分なのでは？　私は今まで人並み以上に人を喜ばせてきましたし……」と考える人が必ずいるものです。

けれども、私たちはここではっきりと「そうした考え方は間違いですよ」とお伝えします。

なぜなら、人の脳には「目標達成半ばでへし折られたとき」だけでなく、「目標達成して成功を確信したとき」にも、「ここでもういい。これで十分」と思い、歩みを止めてしまう特徴があるからです。

みなさんは「バーンアウト」という言葉を聞いたことがあると思います。別名「燃え尽き症候群」などとも呼ばれています。

長い間夢に見てきた、オリンピックで金メダルを獲得した後、やる気を完全に失ってしまった。憧れのグランドスラム大会で優勝した後、精神のバランスを欠いてしまった……。

気力・体力が充実していた一流アスリートが、目標を叶えた後、なぜこれほどまでに抜け殻のようになってしまうのか？　研究の結果、「バーンアウト症候群」というものが広く世に知られるようになりました。

「これ以上の結果は考えられない！」という最高のセルフイメージ。その通りの大成功を収めた瞬間、もう他にやることがなくなってしまったのです。

私たちの脳は失敗を重ねるたびに臆病になり、進むことをやめてしまいます。「逆境」に陥ったときは、脳が「失敗した……」と記憶し、あきらめるのに最適な機会になります。

逆に、たとえイメージ通りの成功を収めたとしても、「これ以上はない。もう燃え尽きた！」と進むことをやめてしまうのです。**つまり、放っておけば、どっちに転んでも進むのをやめようとするわけです。**

ところが、「逆境」にも、「イメージ通りの大成功」にも、どちらの場合にも成長をやめない人がいます。そこにあるのが「他喜力」なのです。

他人を喜ばせようとしたときこそ、自分を超えた力が出せる

「他人を喜ばせて、その姿を見てただ『うれしい』と実感する喜び」――これほどシンプルで力強く、しかも主体的にコントロールできるものはありません。**負け組と呼ばれ、今まで成功体験のなかった人たちにも奇跡を起こさせるのです。**

例えば、いつも地方予選1回戦負けの野球部が部室に「甲子園」と書いて貼ったところで奇跡は起きません。なぜなら、過去の失敗体験が記憶データとなって蓄積されているからです。けれども、そんな高校球児でも「甲子園出場を決めて、家族や同級生や近所の商店街の人たちが喜んでくれている様子」を思い描くと、**脳は強烈なプラス感情を出す**のです。平凡な人間が一発大逆転の奇跡を生み出す最大のカギはここにあります。

自分以外の誰かを喜ばせる幸せを追求していると、自分の苦労は気にならなくなります。誰かの幸せを思うことが「根気」となり、99回の失敗を乗り越える勇気を持ち続けられます。

また、「自分がなぜそれをやるのか？」の理由が明確になります。一時的な感情や環境の変化に左右されず、目標達成への意志が揺るがなくなります。

そして、楽しませようとするプロセス自体が楽しくなり、どんどん報われることが多くなって、さらに脳が快になっていきます。知恵やアイデアがどんどん生まれます。そんなあなたを見て、共鳴し、助けてくれる人がどんどん増えていくのです。

私が多くの経営者やアスリートを指導してきて、はっきり言えるのは、「好き」というエネルギーには限界があるということです。自分の「好き・嫌い」を超えなければ、一流にはなれないのです。

「自分のため」に生きているうちは、自分を生かすことができない。
「人のため」に生きようとすると、自然と自分を生かすことができる。

人生とは、そういうものです。ビジネスの世界で№1を目指すなら、早々に「好き・嫌い」を超えたレベルで仕事をするべきなのです。

「この仕事は自分に向いていない」

「好きな仕事だったら、もっと頑張れるのに」

「こんなやりがいのない職場にいられない」

そんなことを言っている暇などありません。その場所から「誰をどう喜ばすか？」を徹底的に考え、そして動く。あなたがやれることは無限に存在します。「他喜力」に限界はないのですから。


「他人を喜ばせて、その姿を見てただ『うれしい』と実感する喜び」の中で毎日を生きている――。これこそが「他喜力」が備わった状態と言えるのです。

「陰徳あれば必ず陽報あり」ということわざがあります。人から見えないところで良い行いをすると、それは必ず返ってくる、ということです。目に見えないところで、

自分を知る練習コーナー❹

あなたが喜ばせたい人を思い浮かべましょう！

あなたが「この人に喜んでもらえたらうれしい」と思える人を10人書き出してみましょう。きっとそう考えただけでも、あなたには力がわいてくるはずです。家族や友人、仕事仲間やお世話になった人など、実際に喜ばせてうれしいと思っている自分を想像しながら、その人を思い浮かべて書き出してみてください。

	喜ばせたい人
1	
2	
3	
4	
5	
6	
7	
8	
9	
10	

人から誉められることを期待せずに陰徳を積むことは、「他喜力」を高める訓練になります。

世界中の人たちの笑顔、日本中の人たちの笑顔、お客さんの笑顔、家族の笑顔、近所のみなさんの笑顔、亡くなった祖父母の笑顔、恩師の笑顔、恋人の笑顔、仲間の笑顔……。あなたは、誰を喜ばせたいですか？

人間というのは、他人が喜んでいるのを見るだけで、力がわいてきます。

何もお金をかけなくてもいいのです。見返りを求めない「愛」や「ほほえみ」「やさしさ」で、自分以外の人を喜ばせることができます。人は、自分以外の人を喜ばせようとしたときに、自分を超えた能力を発揮できるのです。

勝ちグセ脳ワーク 3

最高のサポーターを思って「他喜力」を強化する

人間は、「自分のため」にはなかなか発揮できない力も、「誰かのため」となると平気で力を発揮できてしまう不思議な動物です。

そのエネルギーは、大脳辺縁系から来るもので、これはすべての動物に共通しています。親鳥が我が子を守るために、自分の何倍もの大きさの天敵に立ちはだかり、すさまじいパワーで撃退する――まさしく「誰かのため」に、自分を超えた力を出している瞬間です。

そして、人間もまた彼らと同じ力を備えているのです。

「その人のためなら頑張れる」という心の支えを持つことは、私たち人間を燃え上がらせ、潜在能力を限りなく引き出します。そして、成功者と呼ばれる人たちは例外なく、心の支えを持っています。

成功者たちの伝記には、そうしたことが記されていますよね。エジソンや野口英世など、母親が心の支えであることが多いのですが、キュリー夫人のように夫であったり、ヘレン・ケラーのように家庭教師のサリバン先生という場合もあります。自分の成功を喜んでくれる人がいるから、その人のためにも、あきらめず一生懸命になれるのです。

自分のためだけに頑張っているときは、何かうまくいかないことがあると、大脳辺縁系の扁桃核がすぐに不快になってしまいます。ストレスがたまり、心が折れて、「もう無理だ」「自分にはできない」と弱気になってしまいます。そうならないために、あなたの心を支えてくれる人が必要なのです。

亡くなった祖父母、両親、恩師、家族、恋人、仲間……誰でもかまいません。苦しいときにはその人を右脳にイメージする。これを「サポーターイマージュリー」と呼びます。

スポーツ中継などで、外国のスポーツ選手が、試合前やここ一番の勝負所で十字を切る姿を目にします。実在する人ではなく、神様でも仏様でもいいのです。「でもいい」などと言ったら叱られるかもしれませんが、神仏を信じることによってプラス感情、プラスイメージ、プラス思考を持ち、自分を信じられるようになれれば、それでいいのです。つまり、「サポーターイマージュリー」とは、自分だけの、自分1人の神様を持つことなのです。

このワークは、157ページの「No.1サポーターシート」を使って行います。この「No.1サポーターシート」でも、「夢目標設定シート」と同様に、絵や写真を使ってイメージを明確化します。

①まず、サポーターを1人思い浮かべてみましょう。

誰か1人、あなたが強烈に「喜んでもらいたい」と思う人を選んでください。「夢目標設定シート」でイメージした光景に出てくるお客さんでもいいでしょう。あるいは、あなたの活躍を支えてくれた家族やあなたの成長を見守ってくれた恩師など、「夢目標設定シート」でイメージした光景には出てこない人物でもかまいません。

決まったら、自分の名前とその方の名前を一番上の欄に記入しましょう。

②サポーターが1人決まったら、次はビジュアルをつくっていきましょう。

その人の写真を持っているなら、ぜひその写真を使いましょう。いろいろな写真を組み合わせてコラージュにするのもいいですし、絵と写真を組み合わせてつくるのもOKです。

③質問項目を文章で埋めていきましょう。

「なぜ喜ばせたいのですか？」

その人を喜ばせたい理由は何ですか？　その人との思い出を振り返りながら記入します。

「どのように喜ばせていきますか？」

あなたがどんなことをし、どんな形で報告すればその人は喜んでくれるでしょうか？　想像しながら記入します。

No.1サポーター シート

私　　　　　　は　　　　　　を必ず喜ばせます

No.1サポーター

●なぜ喜ばせたいのですか？

●どのようにして喜ばせていきますか？

④ No.1サポーターシートを持ち歩いたり、目につくところに貼って、毎日見ましょう。

朝起きたとき、仕事の休憩時間など、自分が習慣化しやすい時間帯を見つけて、「夢目標設定シート」と一緒に毎日見ましょう。

感情の高まりを毎回味わうことがとても大切です。1回の時間は、ほんの数十秒で結構です。「あの人がこんなに喜んでくれて……」と、その表情を思い浮かべて胸がいっぱいになるように味わい切ってください。

見る回数は、「夢目標設定シート」と一緒に、1日に3回、4回と増やしていきます。目にする回数が多ければ多いほど、脳にイメージが形づくられ、「勝ちグセ脳」になっていきます。

chapter

5

「勝ちグセ脳」で本当の幸せをつかむ!

super brain training

超一流のビジネスパーソンは、2つの成功を手に入れている

年商何百億の企業を一代にして築き上げ、業績は右肩上がりの一途。新規事業は次から次へとヒットし、新しい市場を創造。世界各国に事業拠点を置き、どこへ行ってもＶＩＰ待遇で迎えられる。周囲の誰もがうらやむような富と地位と名誉を手にしたにもかかわらず、「私は幸せではない」という人がいます。

いったい、なぜでしょうか？　それは、成功には２つあるからです。

その2つを、私たちは「社会的成功」と「人間的成功」と呼んでいます。

真の成功とは何か？

「社会的成功」でもなく、「人間的成功」だけでもない。２つをともに手にしてこそ、初めて人は「成功した」と感じられるのです。

2つの成功を手に入れて
初めて「成功」と感じられる

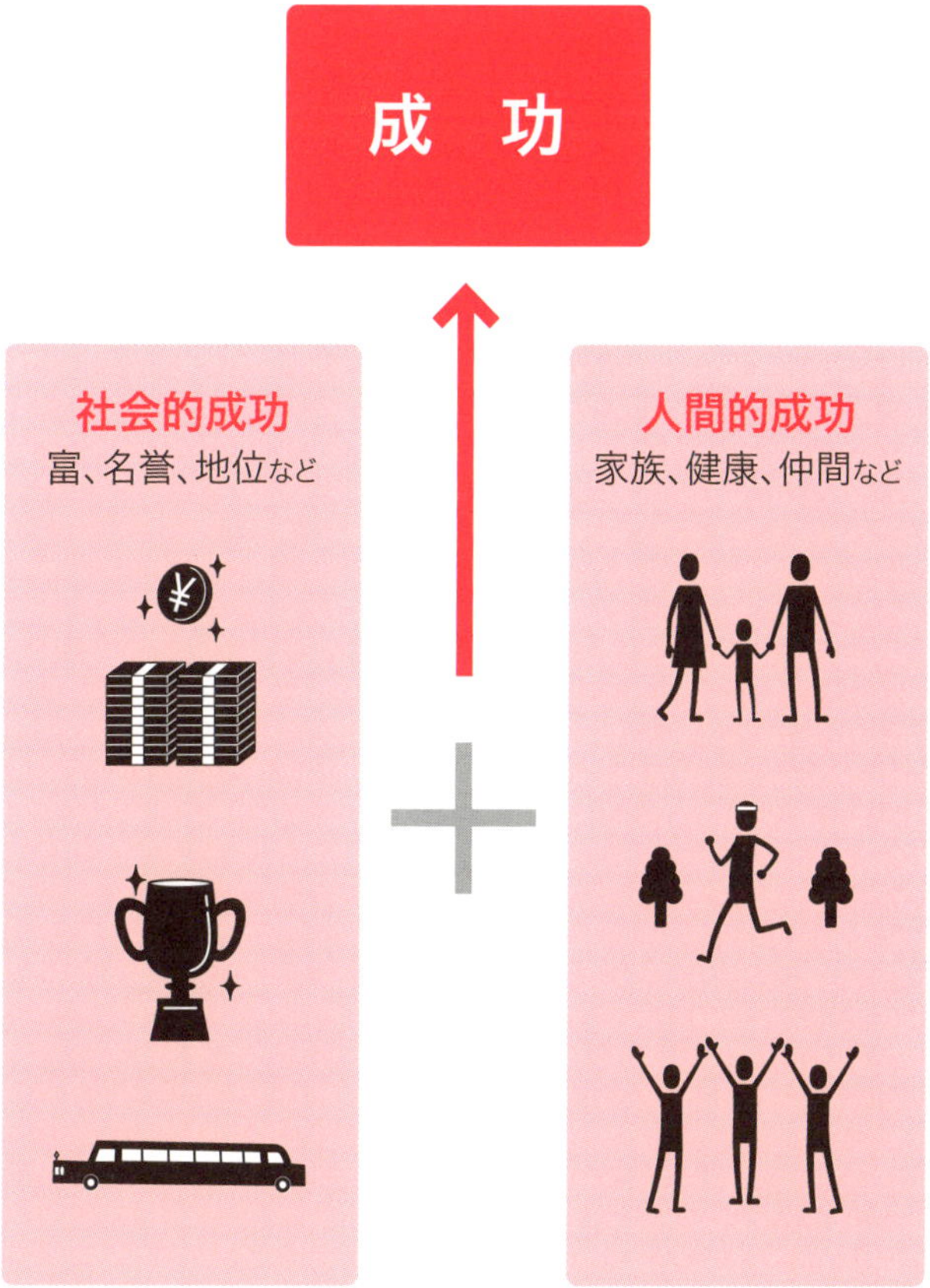

「社会的成功」とは、「所属している社会で正しいとされている行いを追求した結果、手に入るもの」です。これは時代や場所によって異なりますが、現代の経済社会であれば、「長期にわたってお金を稼ぐ」ということが代表例として挙げられるでしょう。なぜなら、周囲からの高評価がお金を稼ぐという結果となって表れているからです。あるいは、お金はそれほどではなくても、科学技術や学問や芸術の分野などで認められて、高い地位や名誉を授かるという場合もあります。

その一方、「人間的成功」とは、「1人の人間としての幸せを追求した結果、手に入るもの」です。「何かに縛られることなく自由に生きたい」といった思い、「健やかな心と身体で毎日を過ごしたい」といった感情、「家族やパートナーとの関係を大切にしたい」といった気持ちなどが、代表例として挙げられるでしょう。

富、地位、名誉。これらは「社会的成功」に属するものです。年商何百億の企業を一代で築いたのに、「私は幸せではない」という人物。その人は、「社会的成功」を手にしてはいるけれども、「人間的成功」を手にしていない。だから、不幸なのです。

super brain training

社会的成功だけを手にしても、人生を心から楽しむことはできない

「業界No.１の地位に上り詰める」といった大きな目標を立て、そのイメージを達成し、社会的成功を手に入れることはとても大切なことです。なぜなら、社会的成功をしてこそできることがあるからです。

例えば、「次代を担う若き起業家を育てる財団をつくりたい」と思ったとします。そのとき、あなたに大きな富があれば、すぐにでも財団を設立することができます。渋沢栄一氏、松下幸之助氏、ビル・ゲイツ氏といった実業家が財団を設立していることはよくご存じのことと思います。

あるいは、「これからのエネルギー政策について提言したい」と思ったとします。そのとき、あなたに名声があれば、より多くの人が「そうだ、そうだ」と納得してく

れるでしょう。

あなたが広く深く社会貢献をする上で、社会的成功は絶対に必要なことなのです。

ところが、**この社会的成功を手にしようとがむしゃらになって働くあまり、もう1つの大切な要素である「人間的成功」をないがしろにしてしまうビジネスパーソンが実に多いのです。**

例えば、家庭をまったくかえりみることなく、仕事一辺倒になった男性の場合。運動会など我が子の学校行事には一度も顔を出したことがなく、妻とゆっくり話をする時間もないほどすれ違い、家族旅行をしたことなど一度もない。あり余るエネルギーはあるものだから、よそに愛人をつくる……。成長した子どもからは「自分は父との思い出がまったくない。そんな人を父とは呼びたくない」などと言われ、妻からはある日突然「これまでは目をつぶってきたけれど、子どもも成長した今、何の未練もない」と言われ、財産の大半を持って家を出てしまう。

それでもまだ十分な富が残っている。家族のことも笑い話にしてしまえば、地位も名誉も変わらぬまま。これから先、生きていくのに何も困らない。けれども、それはただ生きているだけのこと。心の中は、大きな喪失感と孤独感だけ……。

あるいは、自分の健康には目もくれず、がむしゃらに仕事をしてしまう人の場合。起業した会社を何とか軌道に乗せようと、昼も夜も関係なく働く日々。夜は夜で接待をしまくり、飲みたくないお酒もあおりまくる。

おかげさまで会社は急成長し、すべてを手に入れた。けれども、無理したツケが回ってきてしまい、内臓もボロボロ、体力も衰退。あれほど大好きだった旅行に行けない身体になってしまった……。

「人間的成功」は、失ってみて初めて気づくもの。その時点で「いったい自分は何のために頑張ってきたのか？」と抜け殻のようになる人が、実は驚くほどたくさんいるのです。

2つの成功を目指して、幸せそうで幸せな人になろう

世の中には、「社会的成功」を捨てて幸せそうにしている人もいます。

例えば、組織から解放された自由な身で毎日を過ごしているホームレスさん。この人は、社会からは「あの人、本当に不幸そうだな。まったく成功していないし……」と見られていますが、本人は幸せを感じているかもしれません。ただ、多くの人に大きな喜びを与えられる立場であるかというと、残念ながらその点では不自由な身だと言えます。

ですから私たちは、「社会的成功」と「人間的成功」について、次のような考え方を持っています。

・**「社会的成功」だけを手にした人は、「幸せそうで不幸」な人。極端な例は、不幸な大金持ち。**

・**「人間的成功」だけを手にした人は、「不幸そうで幸せ」な人。極端な例は、幸せなホームレス。**

私たちは、あなたにどちらかになってほしいのではないのです。両方の成功を手に入れて**「幸せそうで幸せな人」**になってもらいたい。そして、自分と、たくさんの人を同時に幸せにしてほしいと願っているのです。

また、「社会的成功」と「人間的成功」について、こんなふうにも思っています。

・**「社会的成功」は、人生の環境。**

・**「人間的成功」は、人生の目的。**

この2つの成功には、環境と目的の違いがあります。

わかりやすくするために、あなたのお葬式の場面を想像してみましょう。

斎場には、何万人という数の参列者たちがいます。あなたが直接会ったことのない人も、たくさん訪れています。

彼らは、生前のあなたのことをよく言ってくれています。その人たちが口にしてくれるのは「あのとき、○○さんにこういう声をかけてもらった。だから今も頑張れているんだ」「何もできなかった自分を雇ってくれて、定年まで勤めさせてくれた。あの人を恩人と言わずに誰を恩人と言うんだ」といった、あなたとのつながりの深さについて語ってくれているのです。

決して、「あの人の会社は年商何百億円もあったなあ」とか「あの人はどこに行っても有名だったなあ」といった社会的成功に類するエピソードであなたを心から偲ぶ人はいないはずです。つまり、あなたの人生の評価は「人間的成功」の大きさで決まるのです。

けれども、そもそもなぜあなたのお葬式にこれほど多くの人たちが集まってくれたのでしょうか？　それはあなたが「社会的成功」を手に入れ、常に多くの人を喜ばせる環境を維持・発展させてきたからです。だからこそ、あふれるほどの人たちがあなたのために集まってくれたのです。

「社会的成功」は、あなたが自分と他人に喜びを与えるための環境だと言えます。もちろんこれは大きければ大きいほどいいのですが、目的ではない。ビジネスの世界で生きる人たちは、「社会的成功」、つまり富や地位や名誉を人生の目的ととらえてしまいがちです。

「人間的成功」こそが、人生の目的です。人生の目的とは「あなたが自分と他人に、より大きな喜びを与える」ということに尽きます。人生の質は、人にどれだけの喜びを与えたかで決まります。

あなたが「社会的成功」と「人間的成功」の2つを目指し、手に入れ、真の成功者となることを願っています。

勝ちグセ脳ワーク

4

寝る前10分で最強の「勝ちグセ脳」をつくる

寝る直前の10分間を使った、プラス感情で1日を終わりにするワークです。

では、なぜ寝る直前の10分間なのでしょうか？　脳には「1日の最後を強く記憶する」という特徴があるからです。とくに寝る直前の10分間の感情を強く記憶し、睡眠中に何度もその感情を再生するのです。

もしも、その日がマイナスの出来事ばかりで、その出来事を寝る瞬間まで引きずってしまったとします。すると、脳はそのマイナス感情を何度も反復してしまいます。つまり、寝ている間中ずっと、マイナスのイメージトレーニングをしていることになるのです。

あるいは、その日がプラスの出来事ばかりだったのに、寝る直前に何かしら気になることや不安になることが生じたとします。けれども、そのまま眠りについてしまったら、それ以前のせっかくのプラスの出来事はすべてパーになり、その夜もマイナスのイメージトレーニングをすることになるのです。

このように、とっても重要な10分間なのです。ですから、**私たちは就寝直前のこの10分間を「脳のゴールデンタイム」と呼んでいます。**

では、もしも、就寝直前の10分間を毎日プラス感情で過ごすことができたらどうなるでしょうか? そう、あなたは睡眠している間、ずっとプラスのイメージトレーニングをしているのです。たった10分間が、「1日何時間もマイナスのイメージトレーニングをする人」と「1日何時間もプラスのイメージトレーニングをする人」を分けるのです。その積み重ねが、どれほど大きな差を生むかは明らかです。

「でも、マイナスの出来事ばかりあった日は、さすがにマイナスのイメージを払拭できないのでは?」と考えてしまう、マジメな人もいるかもしれません。

その解決法は、実に簡単です。「マイナスの出来事を、プラスに書き換えてしまう」。それだけの話です。

第3章で「マイナス言葉の言い換え」「マイナス動作・表情のやり換え」をやりま

したが、あれに近いものと考えてください。

例えば、上司にミスを指摘され、とても怒られた1日だったとします。あの上司の表情を思い出すと今でもムカムカして、怒りの虫がおさまりません。けれども、それを「上司は怒ったんじゃない。自分に対する愛情から、激励してくれたんだ」と解釈するわけです。

「そんなことない、あれはたしかに怒ってた」なんて考える必要はまったくありません。誰にも迷惑をかけないのですから、自分に都合よくとらえていいのです。1日何時間もマイナスのイメージトレーニングをする弊害を考えたら、そんな小さなコトで悩んでいる場合ではありません。

こんなふうに、1日を振り返って出てくる出来事の中で、マイナス感情を引き起こしそうなものは、すべてプラス感情になれるように書き換えを行うのです。

具体的なやり方を解説します。

①1日を振り返ってみます。

最初は、次の言葉に導かれる感じで、1日を振り返っていきます。

・今日経験した出来事、体験した出来事は何だったでしょうか？　振り返ってみましょう。

・その体験、経験の中でどんなことを思ったでしょうか？　まずプラスの感情を思い出してみましょう。

・次に、その体験、経験の中でのマイナスの感情を思い出し、どんどん良くなっているというプラスイメージに書き換えていきましょう。

・そして、その体験、経験の中でどんなことを口にしましたか？　プラス言葉を発したときのことを思い出してみましょう。また、マイナス言葉を吐いたときのことは、都合よくプラス言葉に書き換えていきましょう。

・今日はどんな将来を想像しましたか？　プラスの想像をしたときの充実感をもう一度味わいましょう。マイナスイメージをしたときのことは、都合よくプラスイメージに書き換えましょう。

・今日はどんな動作・表情をしましたか？　プラス動作・プラス表情をしたときのことをもう一度思い出しましょう。さらに、マイナス動作・マイナス表情をしたときのことを思い出し、都合よくプラス動作・プラス表情に書き換えましょう。

・どうでしょうか？　頭も心もプラス感情で満ちていますか？　「今日もいい1日だったなあ」という気持ちで満たされていますか？

②そのまま心地よく眠りにつきましょう。

かける時間は10分が一応の目安ですが、時間を気にする必要はまったくありません。30秒でも、20分でもＯＫです。

最も大事なのは、「今日もいい1日だったなあ。よくやったなあ」という、リラックスして満たされた気持ちで眠りにつくことです。

脳がリラックスすることで、意識と潜在意識の壁が取り払われます。すると、睡眠中の脳は、積極的にプラスのイメージトレーニングをしてくれるのです。

あとがき

私たちはこれまでに何十万人というビジネスリーダーにお会いしてきましたが、大きく4種類のタイプに分かれます。

①知的分析型……自分の使命を知り、使命を果たすために行動する
②感情行動型……チャレンジ精神は旺盛だが、思いつきで行動する
③逃避生活型……自分がよければそれでよく、ほどほどに行動する
④自己正当型……人の言うことを聞かずに行動し、失敗は誰かのせいにする

あなたはどのタイプにいるでしょうか？　そして、大きなことを成し遂げるリーダーは、決まって①のタイプに限られています。

私は、発明王と呼ばれたエジソンの生き方が大好きで尊敬しています。彼は多大な発明を世に残しましたが、彼の最大の発明は29歳でエジソン研究所「集合型天才組織」をつくったことだと思っています。分野のまったく違う人々をこの研究所に集め、世の中にないアイデアを形にしていったのです。

ここで言う天才は、ＩＱや偏差値が高いという意味ではありません。「成信力」「苦楽力」「他喜力」を備えた知的分析型のリーダーのことです。

彼らは、絶対にあきらめない。絶対に実現できると思っている。そんな勝ちグセ脳の人間が集まり、力を合わせ、世の中を引っ張っていく――。だからこそ、不可能と思われていた壮大な夢目標が実現するのです。

そして、今ほど「自分だけのためでなく、誰かのために生きる」ということが大事に思えるときはありません。私たちは、東日本大震災という未曾有の大災害を経て、今こうして生きています。被害を受けなかった人たちが、被害に遭われた東北地方に対して「自分には関係ない」と知らん顔をして生きていったら、この日本はおかしなことになる――。私たちはそう思っています。

「自分らしくどう生きるかを考える」。これはとても大切なことです。しかしその視野が、行動範囲が、自分のことだけにとどまっていていいのか？　そう感じています。

本書を手に取り、最後まで読んでくださったあなたは、すでに日本のビジネスリーダーの1人です。

我々は、こうして生き残ることができました。だったら、その一生を、自分だけのためでなく、もっと世の中のために広く使い切るべきです。

- **反省するな、生きているんだから。**
- **不満を持つな、生きているんだから。**
- **自信を持て、生きているんだから。**
- **前進しろ、生きているんだから。**

悩んでいる暇などありません。震災後の復興がままならず、その中で世界でも類を見ない超少子高齢化を歩んでいく日本。あなたがどれほど大きな夢目標を描いても、それが大きすぎることなど決してないのです。

「生きてるだけで儲けもの。生きてるだけでツイている。生きてるだけで何でもできる」

この言葉を胸に、日本の人々のため、世界のみなさんのために大きな夢目標を描き、一緒に進んでいきましょう。

監修者略歴

西田文郎 Fumio Nishida

株式会社サンリ 会長
西田塾 塾長／西田会 会長

1949年生まれ。日本におけるイメージトレーニング研究・指導のパイオニア。

1970年代から科学的なメンタルトレーニングの研究を始め、大脳生理学と心理学を利用して脳の機能にアプローチする画期的なノウハウ『スーパーブレイントレーニングシステム（SBT）』を構築。日本の経営者、ビジネスマンの能力開発指導に多数携わり、驚異的なトップビジネスマンを数多く育成している。

この『SBT』は、誰が行っても意欲的になってしまうとともに、指導を受けている組織や個人に大変革が起こって、生産性が飛躍的に向上するため、自身も『能力開発の魔術師』と言われている。

経営者の勉強会として開催している『西田塾』には全国各地の経営者が門下生として参加、毎回キャンセル待ちが出るほど入塾希望者が殺到している。

また、世の中の多くの方々を幸福に導くために、「ブレイントレーニング」をより深く学んで実践できる、通信教育を基本とした『西田会』をスタートさせた。

さらに、ビジネス界だけでなく、スポーツの分野でも科学的なメンタルトレーニング指導を行い、多くのトップアスリートを成功に導いている。

著書に、『No.1理論』『面白いほど成功するツキの大原則』『人生の目的が見つかる魔法の杖』『かもの法則』『No.1営業力』『No.2理論』（現代書林）、『強運の法則』『人望の法則』（日本経営合理化協会出版局）、『ツキの最強法則』（ダイヤモンド社）、『仕方ない理論』（徳間書店）など多数ある。

西田文郎 公式ウェブサイト　http://nishida-fumio.com/
西田文郎 フェイスブック　https://www.facebook.com/nishidafumio.sanri
株式会社サンリ ウェブサイト　http://www.sanri.co.jp/

著者略歴

西田一見 Hatsumi Nishida

メンタルトレーナー ＆ 目標達成ナビゲーター
株式会社サンリ 代表取締役社長

1973年生まれ。サンリ能力開発研究所にて大脳生理学と心理学に基づく科学的なメンタルトレーニングの研究をはじめ、脳の機能にアプローチする画期的な潜在能力開発プログラム「SBT（スーパーブレイントレーニング）理論」を指導。

さまざまな心理分析データから夢・目標達成をサポートする「目標達成ナビゲーター」として、講演・講習などですでに数百万人もの指導実績を持つ。

ビジネスパーソンへの個人指導をはじめ、Jリーガー、プロ野球選手、プロゴルファーなど、トップアスリートのメンタルトレーニングにもあたっている。小中高生を対象とした目標達成のための受験指導でも高い評価を受けている。

近年では上場企業をはじめとした企業の社員教育にも力を注ぎ、「社員のやる気が根本から変わり、組織が急激に伸びていく」と講演依頼も多数。

『笑っていいとも！』（フジテレビ系列）、『たけしのニッポンのミカタ！』（テレビ東京系列）のテレビでも取り上げられ、話題となる。『anan』（マガジンハウス）、『BIGtomorrow』（青春出版社）、『プレジデントファミリー』（プレジデント社）、『美的』（小学館）、『FYTTE』（学研パブリッシング）などの雑誌への寄稿も多数。

主な著書に、ベストセラー『成功する人は、なぜジャンケンが強いのか』（青春出版社）、『いやな上司はスタバに誘え！』（ビジネス社）、『脳だま勉強法』（イーストプレス）、『痩せる№1理論』（現代書林）などがある。

西田一見 公式ウェブサイト http://nishida-hatsumi.com/
西田一見 フェイスブック https://www.facebook.com/nishidahatsumi
株式会社サンリ ウェブサイト http://www.sanri.co.jp/

本書をご購入の方限定の
無料特典です!!

さあ、今すぐ
夢や目標に向かって
「勝ちグセ脳」へ一歩踏み出そう!

西田一見から皆さんに、感謝を込めて——
ここでしか手に入らない貴重なプレゼントです。

「成功脳に変わる 5つのカギ」

(音声ファイル)

本書の読者様限定で、
無料ダウンロードができます。

詳しくは、こちらのアドレスへアクセスしてください。

http://www.nishida-hatsumi.com/brain001/

※無料プレゼントはWEB上で公開するものであり、
CD・DVDなどで郵送するものではありません。

本件に関するお問合せは株式会社サンリまで
webmaster@sanri.co.jp

ビジネスNo.1理論《ナンバーワンりろん》

2014年 7月15日 初版第1刷
2024年 4月17日 第9刷

監修者 ―――― 西田文郎《にしだふみお》
著　者 ―――― 西田一見《にしだはつみ》
発行者 ―――― 松島一樹
発行所 ―――― 現代書林
〒162-0053 東京都新宿区原町3-61 桂ビル
TEL／代表 03(3205)8384
振替00140-7-42905
http://www.gendaishorin.co.jp/

デザイン ―――― 吉崎広明（ベルソグラフィック）
図　版 ―――― 株式会社ウエイド
編集協力 ―――― 高橋淳二（有限会社ジェット）

印刷・製本　広研印刷㈱
定価はカバーに表示してあります。
万一、落丁・乱丁のある場合は購入書店名を明記の上、小社営業部までお送りください。送料は小社負担でお取り替え致します。
この本に関するご意見・ご感想をメールでお寄せいただく場合は、info@gendaishorin.co.jp まで。

ISBN978-4-7745-1473-4 C0030

消費は0.2秒で起こる！

西田文郎 著

定価1540円（本体1400円+税）

パッと見た瞬間に、買いたくて仕方なくなるように仕掛ける――本書は、脳の専門家の著者が明かす脳から見た消費のメカニズムです。これをビジネスに生かせば、成功間違いなし。お客さまの心をわしづかみできます。

ビジネスNo.1理論

西田文郎 監修
西田一見 著

定価1540円（本体1400円+税）

『No.1理論』のビジネス版が登場！　進化した理論をベースに、3つの脳力「成信力」「苦楽力」「他喜力」を使って、成功間違いなしの「勝ちグセ脳」を手に入れられます。ワークシートで実践しながら学べる本。

脳から変える No.1社員教育

西田一見 著

定価1650円（本体1500円+税）

社員教育はこれで決まり！　本書は、やる気が感じられない「イマドキの若手社員」を〝脳の使い方〟から変えて、自ら意欲的に動く人材に育てる手法を具体的に解説。若手の育成に悩んでいる経営者、現場リーダー必読。

メンタルトレーナーが教える 最強のダイエット

西田一見 著

定価1540円（本体1400円+税）

10年にわたるロングセラー『痩せるNo.1理論』の新装版！　脳を上手に使って、自己イメージを変えれば、意志も我慢もいらずに、ラクラク痩せられます。どんなダイエット法にも使える究極で最強の方法です。

すごい朝礼

大嶋啓介 著

定価1650円（本体1500円+税）

年間に約1万人が見学に訪れる居酒屋てっぺんの「すごい朝礼」。毎日たったの15分の朝礼で、個人や組織に劇的な変化が起こります！　会社やチーム、家庭などで、ぜひお役立てください。［解説：西田文郎］

看板のない居酒屋

岡村佳明 著

定価1540円（本体1400円+税）

看板もない、宣伝もしない、入口もわからないのに、なぜか超満員の居酒屋。その人気の秘密は、人づくりにあった。著者が実践してきた「商売繁盛・人育ての極意」が一冊の本になりました。［解説：西田文郎］

DVD付き 最も大切なボランティアは、自分自身が一生懸命に生きること

池間哲郎 著

定価1760円（本体1600円+税）

20年以上にわたり国際ボランティア活動をしている著者が、アジア貧困地域で懸命に生きる子どもたちの現実を伝えます。ボランティアの本当の意味をぜひ感じ取ってください。付録のDVD映像も必見です。

定価には10％の消費税が含まれています。